GÜNTER NEIDINGER

*Was kostet denn ein
Zwanziger-Eis?*

GÜNTER NEIDINGER

Was kostet denn ein Zwanziger-Eis?

Lausbubenstreiche und
Geschichten aus Baden

Silberburg-Verlag

Günter Neidinger, Jahrgang 1943, wuchs mit fünf Geschwistern im badischen Bühl auf, studierte dann an der Pädagogischen Hochschule in Karlsruhe und wirkte lange Jahre als Lehrer und Rektor in Sulz am Neckar. Seit 30 Jahren ist er als erfolgreicher Autor tätig. Er schreibt und übersetzt Erzählungen, heitere Geschichten, Gedichte, Theaterstücke, Bilderbücher, Vorlesebücher, Sachbilderbücher und Lernhefte. Seit 2009 wohnt der Autor im badischen Lauf.

1. Auflage 2012

© 2012 by Silberburg-Verlag GmbH,
Schönbuchstraße 48, D-72074 Tübingen.
Alle Rechte vorbehalten.
Umschlaggestaltung: Anette Wenzel, Tübingen,
unter Verwendung einer Fotografie
aus dem Stadtgeschichtlichen Institut Bühl.
Druck: Freiburger Graphische Betriebe, Freiburg im Breisgau.
Printed in Germany.

ISBN 978-3-8425-1225-2

Besuchen Sie uns im Internet und
entdecken Sie die Vielfalt unseres Verlagsprogramms:
www.silberburg.de

Inhalt

*Herrje, immer was los! -
Heitere Jugenderlebnisse* 9

Keilerei im Sonnengässle 9
Aufregungen ohne Ende 10
Schrecken im Plumpsklo 12
Verfolgungsjagd am Markttag 14
Die nahrhafte Suppe 15
Die rote Hilda 16
Das Hennenwunder 17
Warten aufs Christkind 18
Vorsicht, Radfahrer! 20
Katzenjammer und Kratzbürste 21
Bienenhonig und Sellerie 23
Das Schifffahrtsunternehmen 25
Ein Mordszirkus! 27
L'amour, oh là là! 28
Mit Mozarts Hilfe 29
Das Pfeifen im Walde 30
Die dicke Cousine 31
Hansjakob und der letzte Zehnmarkschein 32
Ein Fernglas für den Buben 34
Das ratlose Lehrerkollegium 35
Die Schnurpost 38
Das Riesen-Messbuch 39
Der Schrei in der Trauermette 41
Nöte im Heu 43

Die Dreikönigsschlacht   44
Der Friedhofssturm   48
Die Katze unterm Rock   49
Der vertauschte Spickzettel   51
Frühe Auferstehung   53

Auf geht's, Herr Lehrer! -
Heitere Geschichten rund um die Schule   55

Frisch gewagt   56
Gurken für den Lehrer   58
Ein Donnerwetter   59
Das Fräulein Rosa   60
Ein Bier zu viel   62
Sewastopol auf dem Land   63
Jäger, Fischer und ...   65
Der Emil-Vetter   67
Die Buckmaier-Paula   69
Der sonderbare Stallhase   71
Don Camillo und Peppone   73
Hinaus in die Pampa   75
Das Attentat   77
Wer rattert so spät ...   78
Liebestöter und zwei Eier   80
Sirenenalarm   82
Von blöden und gescheiten Hunden   83
Auf Einbruchstour   85
Wie im Krieg   86
Ein Hauch »Kölle«   87

Das Nikolausrennen 89
Quo vadis? 92

O Schreck, lass nach! - Opas Lausbubenstreiche 93

Die erste Hose 93
Ein Sängerfest mit Folgen 95
Äpfel vom Südhang 98
Die dürstende Talwiese 100
Rache an der Hexe 102
Der Säger-Baschi 103
Von Schwarzwaldgeistern 105
Die Rauchfassexplosion 108
Schwitzkur für Hochwürden 110
Glatze mit Heiligenschein 113
Tintenspritzer auf der Landkarte 115
Von Krawatten und Lehrerhüten 117
Ein Krokodil im Schrank 120
Schokohasen mit Sonnenbrand 122
Wurst gegen Schlachtmesser 124
Die skalpierte Lina 126
Der Attentäter 128
Flucht aus dem Arrest 130
Die Pissbrühe 132
Von Mäusen, Spargel und Himbeereis 133
In eine neue Welt 136

Herrje, immer was los! -
Heitere Jugenderlebnisse

Meine Geschwister und ich wuchsen in Bühl auf. Ein solch schönes Städtchen, am Fuße des Schwarzwalds im warmen Klima der Oberrheinischen Tiefebene gelegen, muss auch ein Sonnengässle haben. Eigentlich wohnten wir ja in der Hauptstraße, Hinterhaus, aber das Wohnzimmer und der zweite Zugang zum Haus lagen im Sonnengässle, von wo auch die Sonne in unsere Stube kam und die oft karge und triste Nachkriegszeit erhellte.

Keilerei im Sonnengässle

Bei uns war immer etwas los, kamen doch nach und nach sechs Geschwister zusammen. Streit und Keilerei blieben da nicht aus, so dass die Mutter manches Mal dazwischenfahren musste, wobei ihre Hand recht locker saß. Aber wenn es galt, hielten wir fest zusammen.

So war es auch an einem Tag, als mir mein kleiner Bruder Robert eine dicke Tracht Prügel besorgte. Und das kam so:

Friedlich spielte der Kleine im besagten Sonnengässle, das zu schmal für Autos war und sich deshalb zum Spielen für uns

Kinder bestens eignete. Doch an diesem Tag war es nichts mit der sonst so beschaulichen Ruhe. Fünf größere Kerle kamen gelangweilt dahergeschlendert und fingen an, Robert mit allerlei Unflätigkeiten zu hänseln. Robert fiel nichts Besseres ein, als dem geballten Angriff mit einer kindlichen Waffe zu begegnen. Er streckte den Burschen einfach die Zunge heraus. Diese fanden aber leider keinen Gefallen an dieser Vertraulichkeit und näherten sich bedrohlich. Robert erfasste blitzschnell die Situation, rannte ins Haus und brüllte hilfesuchend nach mir.

Ich wusste nicht, was mich draußen erwartete, sonst hätte ich nicht den Helden gespielt. Zwar war ich nicht gerade groß gewachsen, aber immerhin der ältere Bruder, und so eilte ich hinaus, um Robert beizustehen. Als die fünf Riesen den »großen Bruder« sahen, machten sie nicht viel Federlesens. Für die herausgestreckte Zunge bekam ich von jedem eine gewischt, dann durfte ich heulend abziehen.

Und was tat Robert? Er schaute hinter der Hausecke hervor und machte den Kerlen eine lange Nase. Ich glaubte zu träumen und verpasste ihm umgehend auch eine. Allein, was war das gegen meine fünfe?

Aufregungen ohne Ende

An der Hauptstraße stand ein Kiosk. Zeitschriften und Süßigkeiten gab es da zu kaufen, die für uns Kinder allerdings unerschwinglich waren. Dafür war der Verkäufer umso interessanter, denn er hatte wenig Humor und war leicht in Rage zu bringen.

Da ich, wer weiß warum, der Brävste von uns allen war, schickte man mich mit einer belanglosen Frage an den Kiosk. Die Übrigen aus der Nachbarschaft standen wohlweislich sprungbereit drum herum. Und ahnungslos ob der Folgen begann ich arglos zu fragen:

»Was kostet denn ein Zwanziger-Eis?«

Kaum hatte ich den Mund zugemacht, da sauste der Besitzer auch schon aus der Hintertür heraus. Nun galt es Sprinterfähigkeiten zu zeigen, und alsbald hörten wir die Schimpfkanonade des Kioskpächters nur noch aus sicherer Entfernung.

»Ihr Saucorps, ihr elendes, wartet, wenn ich euch erwische!«

Aber erwischt hat er uns bis heute nicht.

Dafür hätte ein anderes Schaustück beinahe schrecklich geendet: Der Sohn des Storchenwirts unternahm mit dem Sprössling des Kaufhausbesitzers nebenan eine Fahrt mit dem Leiterwägelchen, der eine als Steuermann, der andere als Schubkraft von hinten. Und inmitten des Gefährts saß Robert, dem die rasante Fahrt durch das Sonnengässle gefiel und der deshalb quietschvergnügt jubelte. Doch als die Fahrt schneller und schneller wurde, verlor der Lenker plötzlich die Übersicht. Flugs ließ er in höchster Not los, und das Fahrzeug schoss einer Rakete gleich in ein Schaufenster des Kaufhauses.

Die Scheibe klirrte, die modische Dame fiel vor Schreck um, und Fahrer wie Motor dieses Himmelfahrtskommandos zerstoben in alle Richtungen. Robert erfasste blitzschnell die Situation. Den Schrecken der Umstehenden nutzend, schüttelte er die Glasscherben von sich und rannte davon, als sei der Teufel hinter ihm her. In Windeseile überkletterte er das geschlossene Hoftor im Sonnengässle und verkroch sich still und heimlich.

Noch heute weiß keiner, wie er unverletzt den Schaufensterscherben entkommen war. Aber unseren Eltern fiel eine Zentnerlast vom Herzen, als die Versicherung der Mitbeteiligten für den Schaden aufkam.

Das größte Theater aber herrschte, als die kleine Marianne einmal entwischt war. Zur Hauptstraße hin verschloss ein Tor aus Eisenstäben den Zugang, denn auf der Bundesstraße herrschte reger Verkehr. Fünfzig Meter weiter war eine große, belebte Kreuzung, wo zur Hauptverkehrszeit ein Polizist den Verkehr regelte.

Irgendwie hatte es das Luder fertig gebracht, das Tor aufzubekommen, und schon war die Kleine weg. Als wir Geschwister es merkten, war es jedenfalls zu spät. Eine Ohrfeige für jeden und das obligatorische »Könnt ihr alten Esel nicht besser aufpassen« setzte es gleich, obwohl wir so alt gar nicht waren. Und dann kam auch schon der Schupo gelaufen mit einem kleinen Blondschopf am Wickel.

Mutter traf fast der Schlag, als der Mann in Uniform berichtete, wo er die Göre aufgelesen hatte. Mitten auf der Kreuzung war sie gestanden und hatte Verkehrspolizistin gespielt. Seither wurde das Tor doppelt verriegelt.

Schrecken im Plumpsklo

Im Monat Mai sammelten alle Kinder Maikäfer. Sie gab es massenhaft. Man brauchte nur an einem Baum zu schütteln, und schon regnete es die braunen Kerle mit ihren schwarzen Bäuchen nur so herunter. Schnell ein paar Blätter von den Zwetschgenbäumen in den Schuhkarton, mit einem Nagel einige Löcher in den Deckel gestupft und hinein mit dem Krabbelzeug!

Unser Vater hatte die Angewohnheit, zu ganz bestimmten Zeiten das Plumpsklo draußen im Hof aufzusuchen, immer etwas zu lesen unter dem Arm. Das schien uns wie geschaffen für einen Streich. Bevor es wieder einmal Zeit war für einen solchen Gang, setzten wir überall im Klo unsere Krabbelfüßler aus, die auch zuerst ängstlich in ihren Ecken sitzen blieben. Kaum aber hatte Papa im Kabäuschen Platz genommen, um sich seiner Lektüre zu widmen, kam die ganze Armee von allen Seiten herangekrochen, neugierig, ob unser Vater wohl kitzlig sei. Wir hatten uns draußen auf die Lauer gelegt, gespannt der Dinge harrend, die da kommen sollten.

Da! Plötzlich ein durchdringender Schrei, ein Scharren und Poltern. Schon flog die Klotüre auf und heraus stürzte Papa, in der einen Hand die zerfledderte Zeitung und mit der anderen notdürftig die Hose festhaltend.

»Emmi! Emmi! Komm!«

Emmi, das war Mama. Sie sauste aus dem Haus. Sicher meinte sie bei diesem Hilfeschrei, der Sitz im Klo wäre gebrochen und Papa schwebte über dem Abgrund. Als sie aber Papa so daherlaufen sah, musste sie schallend lachen. Das war das Zeichen für uns aus dem Versteck zu kommen, denn wenn Mama lachte, konnte die Strafe nicht schlimm sein. Behutsam sammelten wir die Maikäfer ein, jedenfalls die, die noch nicht davongeschwirrt waren. Die Vorstellung war ein voller Erfolg gewesen.

Seitdem schaute sich Papa erst einmal eingehend um, bevor er sich zu seinem Geschäft niederließ.

Verfolgungsjagd am Markttag

Papa brauchte nicht viel für sich. Er rauchte nicht, trank keinen Alkohol, ging nie aus, aber sein Heiligtum war sein Radio. Da kannte er sich aus. Sender, Programme, technische Daten, keiner konnte ihm so schnell was vormachen. Und mit selbst gebastelten Antennen zauberte er aus dem Wellensalat die tollsten Melodien und Reportagen hervor. Aber wehe, es schraubte ihm mal einer daran herum! Da verstand er keinen Spaß.

Einmal, als er weg war, wollte ich es wie der Zauberlehrling seinem Hexenmeister gleichtun und probierte auch mal. Ich war ganz entzückt, als ich dem Kasten tatsächlich ein paar Töne entlocken konnte. Nicht so mein Vater! Als er heimkam, merkte er gleich, was los war. Ein Donnerwetter brach über mich herein. Als ich dann auch noch versuchte, in meinem Verteidigungsplädoyer wie so oft das letzte Wort zu behalten, war das Maß übervoll. Und Papa stürzte sich auf mich, was sonst selten vorkam. Mein einziges Heil sah ich in der Flucht. Aus dem Wohnzimmer ins Schlafzimmer, dann in die Küche, zum Haus hinaus – und Papa tapfer hinterher!

Zu allem Unglück war das Hoftor zur Straße hin verschlossen. Flugs kletterte ich hoch, sprang auf der anderen Seite hinunter und glaubte mich gerettet. Doch mein Vater war so in Rage, dass er – das gab's doch nicht – allen Mut zusammennahm und ebenfalls das Hindernis überkletterte. Nun galt es, meine kleinen Beine unter die Arme zu nehmen und zu fliehen. Ab ging die Jagd!

»Dich erwisch' ich, Chaib elender!«, keuchte es hinter mir.

Draußen war was los. Es war Markttag und dazu Mittagszeit, da herrschte munteres Treiben in der Stadt. Im Slalom ging's durch die gaffende Menge. Vorneweg ein kleiner Bengel, der vor sich hinmurmelte:

»Nur nicht erwischen lassen!«

Dahinter ein japsender Vater, der sich ständig einredete:

»Gleich hab' ich ihn, gleich hab' ich ihn!«

So ging die Verfolgungsjagd weiter und in einem großen Bogen flüchtete ich ins sonst schützende Zuhause zurück. Das hätte ich nicht tun sollen, denn dort erwischte mich mein wuterfüllter Vater endlich. Aber zu mehr als einem kräftigen Schütteln reichte seine Luft nicht mehr, und so kam ich glimpflich davon.

Aber filmreif war die Szene allemal gewesen!

Die nahrhafte Suppe

Eines Tages war Mama krank. Stirnhöhlenvereiterung stellte die Ärztin fest, eine schlanke, immer lächelnde Frau mit einer Brille. Ihre schwarzen, hinten zusammengeknoteten Haare zeigten schon ein paar graue Strähnen ob der Sorge um die vielen Patienten. Wir Kinder hatten volles Vertrauen zu ihr, denn eher hätte sie selbst Schmerzen gelitten, als dass sie uns welche zufügte. So waren wir auch sicher, dass sie Mama wieder gesund machte. Noch war es aber nicht so weit und Oma kam, für uns zu kochen, denn unser Vater verstand davon nichts und wir Kinder waren noch zu klein.

Oma war sonst eine gute Köchin. Wie oft hatten wir bei ihr gegessen, wenn wir auf dem Felde halfen, Kastanien oder

Pfifferlinge im Wald suchten. Ja, Pfifferlinge konnte Oma besonders schmackhaft zubereiten. Aber an jenem Tage waren keine da, und so verfiel Oma auf die unglückselige Idee, eine besonders nahrhafte Suppe, wie sie meinte, zu kochen: Sagosuppe. Wir hatten vorher keine Ahnung, wie so etwas schmeckte, geschweige denn, wie es gar aussah.

Als die fertige Bescherung dann aber auf dem Tisch stand und Oma freudestrahlend unsere Teller füllte, glaubten wir zuerst, sie hätte sich aus Versehen am Froschlaich vergriffen, den wir erst neulich zur Kaulquappenzucht aus dem Weiher geholt hatten. Der Vergleich genügte, um unsere Gesichter grün und blass aussehen zu lassen, und Oma konnte ihre Suppe einpacken. Das tat sie auch im wahrsten Sinne des Wortes. Und nun hatte sie daheim acht Tage lang Sagosuppe zu löffeln. Später gab sie einmal zu, dass sie ihr auch nicht mehr geschmeckt habe nach dem ihrer Meinung nach unpassenden Vergleich. Aber wegwerfen konnte man sie doch nicht!

Die rote Hilda

Die rote Hilda, sie hieß so wegen ihrer roten Haare, war in Omas Gegend überall bekannt und wegen ihrer Streiche berüchtigt. Sie war etwas älter als ich, und manchmal hörten wir ihren Vater fluchend und schreiend mit einem Prügel hinter ihr herlaufen, wenn sie es wieder mal zu bunt getrieben hatte.

Einmal versprach sie mir frische Erdbeeren aus dem Garten, und ahnungslos ging ich mit. In diesem Moment konnte ich gar nicht verstehen, dass sie von einigen Leuten mit

»elender Wasen« tituliert wurde, was nicht gerade ein Kosewort war und so was wie »freches Luder« bedeutete. Sie wollte mir Erdbeeren geben, und da erschien sie mir eher wie eine gute Fee. Sie schleppte mich in einen umzäunten Garten. Was für schöne rote Erdbeeren es da gab! Ich setzte mich mitten hinein und griff tüchtig zu. Plötzlich ertönte ein wildes Gebrüll:

»Ihr Saucorps, euch zeig ich's!«

Als ich mich umblickte, sah ich meine gute Fee gerade über den Zaun springen und das Weite suchen. Ich hatte ja keine Ahnung, dass sie mich in einen fremden Garten geführt hatte. Doch das Schreien des Bauern und sein drohendes Gefuchtel waren eindeutig und so zischte ich ab, solange es noch Zeit war.

Meiner Oma verriet ich nichts, aber um den Garten machte ich seither einen großen Bogen.

Das Hennenwunder

Ein einmaliges Erlebnis war die Geschichte mit der Henne von Omas Nachbarn. Der gute Mann hatte sich kräftig gestärkt, bevor er zu Werke ging. Er hatte einen ausgesprochen guten Appetit. Nie mehr habe ich einen Menschen einen solchen Nudelberg verschlingen sehen wie ihn.

Dann schritt er zur Tat. Um zu einer kräftigen Suppe zu kommen, schlug er einer Henne den Kopf ab. Anschließend warf er sie in einen danebenstehenden Bottich mit heißem Wasser, um sie zu brühen, damit die Federn nachher besser abgingen. Aber dem kopflosen Federvieh schien die Brühe nicht zu behagen, denn es flatterte auf und sauste die Wiese hinunter, bis es an einem Zaun hängen blieb. So was ging damals über meinen Verstand und ich glaubte, ein Wunder gesehen zu haben.

Später, im Geschichtsunterricht, verstand ich jenes Kapitel dafür gut, wo der Seeräuber Klaus Störtebeker nach seiner Enthauptung noch an seiner Mannschaft vorbeigelaufen sein soll und ihr somit, wie abgesprochen, das Leben rettete, bis ihm einer, der mit ihm sterben wollte, ein Bein stellte.

Das aber hatte der Bauer nicht gewusst und die Henne schon gar nicht, dass sie mir anschaulichen Geschichtsunterricht vermittelt hatten.

Warten aufs Christkind

Am Heiligen Abend konnten wir Kinder es kaum erwarten, bis es dunkel wurde, und manchmal passierte es, dass es vor lauter Ungeduld noch eins auf den Hosenboden gab. Bei Einbruch der Dämmerung ging Papa mit uns zum alten gotischen Rathaus, wo ein riesiger Lichterbaum das Weihnachtsfest ankündigte. Und während die Schneeflocken sanft herniederfielen und es in der sonst so geschäftigen Stadt still geworden war, spielten die Musikanten der Stadtkapelle, in dicke Mäntel gehüllt und wärmende Mützen auf dem Kopf, die vertrauten weihnachtlichen Weisen.

Andächtig lauschten wir, und als dann »Stille Nacht« und »O du fröhliche« erklangen, wussten wir, jetzt war es so weit. Eilig stürmten wir nun nach Hause, wo uns Mama in der Küche empfing. Sie hatte das Essen vorgerichtet, und sehnsüchtig warteten wir auf das Klingeln des Christkinds. Dass es Vater gewesen sein könnte, der uns mit dem silbernen Glöckchen das Christkind ankündigte, daran dachten wir nicht, denn nun ging die Tür auf und der Glanz der Kerzen in der weihnachtlich geschmückten Stube nahm uns gefangen.

Papa setzte sich an das Klavier, und fröhlich klangen die Lieder von der gnadenbringenden Weihnachtszeit hinaus in die sternenfunkelnde Christnacht. Edgar sang mit seiner hellen Sopranstimme das Weihnachtsevangelium nach Lukas, und die kleine Marianne durfte dann das Jesuskind aus Wachs in die prächtige, handgefertigte Krippe im selbstgebastelten Stall legen zu Ochs und Esel, sorgsam behütet von Maria in ihrem roten Gewand und blauen Schleier, dem Josef im braunen Umhang mit der Laterne in der Hand, und dem Engel über dem Stall, der auf einem Band die Botschaft von Bethlehem pries: »Ehre sei Gott in der Höhe!«

Und Friede kehrte in unsere Herzen ein. Freudig nahmen wir jetzt unsere Geschenke in Empfang, nicht viel, aber genug, um unsere Kinderherzen glücklich zu machen: warme Sachen für den Winter, ein kleines Spielzeug und einen bunten Teller mit herrlich duftenden Lebkuchen, Spritzgebackenem, Buttergebäck, Springerle, Zimtsternen und Makronen, und als ganz besondere Leckereien waren noch eine Tafel Schokolade mit bunten Bildern, einige Feigen und eine Apfelsine dabei.

Für jeden gab es einen dankbaren Kuss. Papa stellte das Radio an, und jetzt erklangen auch hier die weihnachtlichen Weisen, während Mama den Tisch richtete für das traditionelle Heilig-Abend-Essen: Würstchen, Kartoffelsalat und Feldsalat, dazu zur Feier des Tages eine Limonade und für die Großen ein dunkles Bier.

An diesem Abend schlugen unsere Herzen immer höher, denn wir durften etwas länger aufbleiben und die Größeren sogar mit in die Christmette gehen, in der mein Bruder Edgar noch einmal das Weihnachtsevangelium sang. Daheim gab es später dann heißen Tee oder Glühwein zum Aufwärmen, dazu Christstollen.

Und ich bin sicher, manchmal träumten wir noch in der Nacht vom Christkind!

Vorsicht, Radfahrer!

Man schrieb das Jahr 1956 und in Abwandlung eines Schlagers durften wir bald singen: »Von nun an ging's bergauf.« Wir konnten in eine neue Wohnung umziehen und Papa bekam wieder Arbeit. Nach einjähriger Krankheit genesen, fand er in einer großen Firma eine Anstellung. Vorbei war's mit der bangen Frage: »Wie soll es weitergehen?«

Papa war zwar Kaufmann, aber er wurde als Bote angestellt und sollte diese Gänge mit dem Fahrrad erledigen. Doch Rad fahren hatten wir unseren Vater nie gesehen. Aber wozu war denn die ganze Kinderschar da? Und so beschlossen wir, unserem Papa das Radfahren beizubringen!

Auf einem abgelegenen Feldweg versuchten wir das Unmögliche möglich zu machen. Die ganze Kinderschar, damals vier Mann hoch, genauer gesagt, drei Buben und ein Mädchen hoch, hielten das Vehikel fest, Papa kletterte umständlich hinauf und dann ging die Fahrt los. Wenn wir dachten, alles sei im Gleichgewicht, ließen wir los und Papa trat voll in die Pedale.

Aber o weh! Vor lauter Treten vernachlässigte er die Lenkung und, wir hielten uns die Augen zu, plötzlich krachte es. Papa war in den Stachelbeersträuchern gelandet, die sich vehement mit ihren Stacheln gegen den Angriff wehrten.

Also, das Ganze wieder von vorne. Nach einigen Tagen Probe und ebenso vielen Stürzen konnten wir unseren Vater ins Verkehrsgewühl schicken. Wir waren stolz und ein Fahrlehrerdiplom wäre das Wenigste für unsere Anstrengungen gewesen. Aber irgendwie musste der neue Arbeitgeber den Fahrkünsten von Papa nicht ganz trauen, oder vielleicht hatte er den Verkehrswarnfunk mal zufällig abgehört. Jedenfalls durfte Vater den Rennsattel bald mit einem Posten im Versand tauschen, und endlich wieder sicheren Boden unter den Füßen fühlend, arbeitete er sich dort bis zum stellvertretenden Versandleiter hoch.

Ein Fahrrad hat er seither nie wieder bestiegen, gewiss auch ein Beitrag zur Verbesserung der Verkehrssicherheit.

Katzenjammer und Kratzbürste

Wenn man umzieht, ist man auf die neue Nachbarschaft sehr gespannt. In unserem Fall war der erste Eindruck nicht gerade der beste. Wir hatten damals eine Katze, die natürlich neugierig ihre neue Umgebung erkundete. Es war sicher von Interesse, welcher Bräutigam in spe da herumlungerte oder wo Mäuse und andere Leckerbissen zu erhaschen waren. Und um diese anderen Leckereien ging es alsbald auch.

Einer der Nachbarn war mein gestrenger Französischlehrer, der mich prompt in den ersten Tagen nach unserem glücklichen Einzug ans Pult zitierte und vor versammelter Klasse durchdringend anblickte. Ich ahnte nichts Gutes, und so herrschte er mich auch gleich an:

»Eure Katze, das miserable Vieh, hat gestern in meinem Garten einen nützlichen Vogel gefressen. Was sagst du dazu?«

Was sollte ich sagen, verdattert wie ich war, ich nickte nur traurig und flüsterte:

»Das soll nicht wieder vorkommen!«

Ich nahm mir vor, mit dem schamlosen Tier ein ernstes Wörtchen zu reden. Aber wirken taten meine Vorhaltungen kaum, das wusste ich, denn wer lässt sich solche Leckerbissen schon gerne entgehen? Und jedes Mal, wenn unsere Katze dem nachbarlichen Grundstück zusteuerte, überkam mich ein ungutes Gefühl. Aber vielleicht begnügte sie sich fernerhin mit dem Gesang der Vögel, denn Klagen kamen mir nicht mehr zu Ohren.

Eine alte, kratzbürstige Frau, im gleichen Haus wie wir wohnend, schien uns Kinder mit besonderer Aufmerksamkeit zu verfolgen. Jedes Mal, wenn wir uns im Hof blicken ließen, erschien ihr Gesicht am Fenster, gespannt unser harmloses Tun beobachtend. Wilfried setzte sich ahnungslos auf einen Steinpfosten ihres Gärtchens, als auch schon das Fenster aufflog und sie herauskeifte:

»Der Pfosten ist nicht zum Sitzen da!«

Wilfried bewies Gleichmut. Langsam drehte er sich ihr zu und behauptete fest:

»Er wird wohl nicht gleich umfallen!«

Mit einem heftigen Schlag schloss sich das Fenster. Die Antwort schien ins Schwarze getroffen zu haben, denn umgefallen ist so ein Pfosten tatsächlich nie.

Bienenhonig und Sellerie

Interessant für uns Kinder war besonders ein Nachbar, der Bienen hatte. Meine Mutter schimpfte zwar manchmal kräftig, wenn diese emsigen Immlein wieder einmal die frisch gewaschene Wäsche heimsuchten und kleine braune Punkte darauf hinterließen, aber das Pfund Honig zur Erntezeit versöhnte auch sie immer wieder. Bald waren wir in der Imkerei so bewandert, dass wir an den Tagen, an denen eine Bienenkönigin mit ihren Drohnen ausschwärmte, für den berufstätigen Imker-Nachbar Wache schoben und mit der Spritzpumpe warteten, bis ein Schwarm sich auf- und davonmachte. Dann hieß es hinterhersausen und warten, bis der wild summende Haufen sich bequemte, sich an einem Baumast in Form einer prächtigen hängenden Traube niederzulassen. Jetzt wurde gepumpt und gespritzt, um die Hochzeitsgesellschaft am Weiterflug zu hindern. Ein vorbereiteter Kasten wurde daruntergehalten und die vom Wasser plump gewordene Immenschar hineingeschüttelt. Wichtig war, die Königin mitzuerwischen, sonst wäre die herrscherlose Gefolgschaft schnell wieder ausgekniffen. So aber konnten wir sicher ein Lob einheimsen und obendrein beim Wabenschleudern munter Honig schlecken.

Einmal aber hat mich so ein kleines Immlein beim Kirschenpflücken im Garten ins Ohr gestochen, just als ich nachmittags noch Musikunterricht hatte. Mit kalten Umschlägen versuchte meine Mutter das Schlimmste zu verhüten, aber das Hörorgan schwoll und schwoll und machte bald einem Elefantenohr alle Ehre. Es half nichts, mit erheblicher Verspätung betrat ich das Klassenzimmer, in dem meine Kameraden bereits der mehr oder weniger geliebten Musica frönten. Ein schallendes, etwas disharmonisches Gelächter empfing mich, was eine Entschuldigung meinerseits erübrigte, denn allzu deutlich leuchtete die Ursache meines Zuspätkommens. Mit dem riesigen Schallempfänger konnte ich mich an jenem Nachmittag ganz den Musikgenüssen hingeben, was wieder einmal beweist, dass jeder unangenehmen Sache auch eine gute Seite abzugewinnen ist. Man muss das nur richtig betrachten.

Fleißig, wie wir waren, halfen wir diesem Nachbarn auch immer, wenn es Holz auf den Boden über der Werkstatt zu tragen galt. Hinterher winkte uns ein kräftiges Vesper, das uns für unsere Mühen entschädigte. Neben einer herrlichen Wurstplatte beherrschte dabei eine riesige Schüssel mit Selleriesalat den Tisch. Nun, dieses Vitaminerzeugnis mag vielleicht gesund sein, aber schon der Geruch war mir widerlich. Trotzdem landete eine gewaltige Portion auf meinem Teller, die Nachbarin bediente uns großzügig. Da wir gewohnt waren zu essen, was auf dem Teller war, schlang ich todesmutig die ganze unliebsame Sache als Erstes hinunter, um mich dann gemütlich und unbelastet an dem Wurstteil gütlich zu tun. Ich hatte aber nicht mit der Aufmerksamkeit unserer Wirtin gerechnet. Als sie nämlich mit Freuden feststellte, dass ich meine Sellerieportion so schnell verzehrte, sprang sie auf und schöpfte mir aufs Neue einen noch größeren Schlag davon, in der irrtümlichen Annahme, dieses Teufelszeug hätte mir so sehr gemundet. Entsetzt knabberte ich darauf an meiner Wurst, mit Schaudern an den Selleriehaufen denkend, der darauf wartete, noch verspeist zu werden. Nun schlauer geworden, behielt ich ihn bis zum Schluss auf, um weiteren

Nachschublieferungen zu entgehen. Mein Appetit war dahin. Und seitdem machte ich um das Nachbarhaus einen großen Bogen, wenn es wieder einmal so weit war, Holz auf die Bühne zu befördern.

Das Schifffahrtsunternehmen

Unser Garten grenzte an einen Kanal, dessen Wasser von einer nahen Spankorbfabrik benötigt wurde. Wasser zieht Kinder immer besonders an und so überlegten wir, wie wir uns den Kanal nutzbar machen konnten. Zum Spielen war er zu tief. Natürlich! Dann musste er zum Bootfahren geeignet sein. Aber ein Boot? Woher nehmen, wenn nicht stehlen? Unsere Köpfe rauchten fast, so angestrengt dachten wir nach.

»Ich hab's!«, ließ sich Edgar plötzlich vernehmen, »die alte Zinkbadewanne!«

Richtig, die stand jetzt im Garten und diente als Behälter für Gießwasser.

»Ob das wohl geht?«, war die bange Frage.

»Klar, geht das!«, schrien alle im Chor und schon war abgestimmt.

Heimlich wurde das Regenwasser ausgeleert. Die Blumen ringsum ersoffen fast im plötzlichen Wasserfall und leise, damit Mama nichts merkte, schlichen wir mit unserer Eroberung davon. An einer günstigen Stelle setzten wir die Wanne ins Wasser.

»Hurra, sie hält!«, triumphierten wir.

Jetzt nichts wie rein und die Leinen los! Mir kamen leise Bedenken und ich schlug vor, es sicherheitshalber erst mal mit nur einem Passagier zu versuchen. Wir losten und Robert, der Kleinste, war der glückliche Bootsmann. Hinein mit ihm, ein kleiner Schubs und los!

Aber herrje, heiliger Strohsack! Die Wanne schien die Richtung zu verwechseln. Statt die Weite suchte sie die Tiefe. Robert schien das zu merken, jedenfalls stand er auf und schrie zetermordio. Das Gewackle beschleunigte den Untergang, und immer schneller blubberte der ganze Stolz unseres jungen Schifffahrtsunternehmens weg. Robert zeterte und fuchtelte wild, aber aufrecht wie ein Kapitän hielt er die Stellung. Jetzt war höchste Eile geboten. Ehe unser Schiff zum U-Boot wurde, mussten wir handeln. Wie eine Fügung des Himmels lagen am Ufer ein paar Bohnenstangen. Jeder packte eine und stocherte damit in Richtung Katastrophenstelle.

Mit dem letzten Mut der Verzweiflung griff unser tapferer Admiral danach und sicher brachten wir ihn ans rettende Ufer. Triefend und schlotternd stand der Held vor uns und wir sahen wie begossene Pudel aus. Das war ja gerade noch mal gutgegangen. Daheim vom Verbleib der Zinkwanne zu berichten, daran wagten wir kaum zu denken. Aber was half's? Die Tracht Prügel wollten wir gern in Kauf nehmen, denn irgendwie waren wir stolz, dass wenigstens unser Rettungsunternehmen geglückt war.

Von nun an begnügten wir uns wieder damit, Papierschiffchen zu falten und damit den Kanal mit einer Flotte zu überziehen. Uferkapitän oder Strandpirat war ja auch nicht ganz schlecht!

Ein Mordszirkus!

Zirkus! Zu allen Zeiten ein magisches Wort für Kinder! Auch für uns damals. Sobald die Plakate in der Stadt einen Zirkus ankündigten, herrschte Aufregung und wir fieberten dem Tag der Ankunft der Elefanten, Tiger, Bären und der Artisten entgegen. Gleich nach der Schule waren wir am Güterbahnhof, wo auf einem Abstellgleis die bunten Wagen standen, aus denen all die wunderbaren Dinge ausgeladen und zum Festplatz transportiert wurden. Eifrig packten wir zu, die Zirkusluft nahm uns gefangen, und wenn wir tüchtig halfen, sprangen ein paar Freikarten für uns heraus.

Robert war so pflichteifrig, dass er nachts sogar davon träumte, Elefanten in ihre Zelte zu führen und zu füttern. Und was das Tollste war, anderntags erzählte er seinen Traum dem ahnungslosen Lehrer als nackte Tatsache.

»Heute Nacht habe ich kaum geschlafen, ich musste nämlich im Zirkus helfen«, behauptete er treuherzig – und der Lehrer fiel prompt darauf rein.

Die Eltern wurden in die Schule zitiert und auf die Unstatthaftigkeit von Kinderarbeit, und gar noch nachts, aufmerksam gemacht. Jetzt glaubten die Eltern zu träumen, hatten sie den lausigen Bengel doch selbst im Bett liegen sehen. Na so was!

Hinterher war nicht so klar, wer sich an der ganzen Geschichte mehr geärgert hatte. Robert, der das Ganze zu seinem Leidwesen tatsächlich nur geträumt hatte, die Eltern, denen fälschlicherweise die Vernachlässigung ihrer Aufsichtspflicht unterstellt wurde oder gar der Lehrer, der sich einen Bären hatte aufbinden lassen?

Jedenfalls war es ein Mordszirkus um diesen Zirkus!

L'amour, oh là là!

Kinder wachsen heran und werden, von ihrer unmittelbaren Umgebung fast unbemerkt, plötzlich junge Erwachsene. Auch Robert hatte an Alter, Weisheit und Stärke zugenommen und war mit seinem Moped jedes Wochenende quer durch die Rheinebene nach Straßburg gerattert, der Minne zu dienen.

Ja, wen es einmal gepackt hat, der ist rettungslos verloren! Hübsch war sie schon, die schwarzhaarige Sylviane. Da lohnte sich die weite Fahrt; und die Zollbeamten an der Grenzbrücke tippten bald an ihre Mütze und ließen den eifrigen Minnegänger unkontrolliert passieren.

»L'amour, oh là là!«, riefen sie und als echte Franzosen zwinkerten sie sich vielsagend zu.

Als Robert sich eines Tages verspätet auf den Heimweg machte, vielleicht hatte das Moped auch tatsächlich gestreikt, wie er am Morgen darauf den Eltern glaubhaft zu machen versuchte, war die Haustür verschlossen. Die Eltern schliefen schon. Da klopfte er ans Fenster des Kinderzimmers, und schlaftrunken äugten wir schließlich hinaus. Robert fuchtelte, wir sollten doch aufmachen, und rasch schlüpfte er in unser Schlafgemach.

Edgar nahm ihn mildtätig auf, und bald lagen beide friedlich schlummernd nebeneinander. Und wenn man genau hinsah, hielt Robert seines Bruders Händchen, selig lächelnd und höchstwahrscheinlich vom Ausland träumend.

Ja, ja! L'amour, oh là là!

Mit Mozarts Hilfe

Oma hatte noch Landwirtschaft. Die Äcker lagen weit verstreut in der Gegend. Flurbereinigung war damals noch ein Fremdwort, und so hieß es für uns Kinder oftmals, die Hacke auf den Buckel zu nehmen und auf den Acker zu wandern, um dem allzu üppig wuchernden Unkraut zu Leibe zu rücken. Vornehmlich waren es Zwetschgenäcker, wie in der ganzen Gegend üblich, die wir zu bearbeiten hatten.

Das Schönste an der ganzen Feldarbeit war das Vesper. An einem schattigen Platz setzten sich Oma und Mama mit uns Kindern auf einen Schwall. So nannte man einen etwas erhöhten, grasbewachsenen Feldrain, und irdendwie muss das badische Schimpfwort »Schwalldatscher« daher kommen. Dann wurde das Vesper ausgepackt: geräucherter Speck und saure Bohnen, dazu selbstgebackenes Brot und gegen den Durst Most mit Sprudel.

Einmal hatte ich mir diese köstliche Mahlzeit besonders verdient. Auf dem Zwetschgenacker stand ein riesiger Baum mit Pastorenbirnen, die es zu ernten galt. Jetzt waren sie noch recht grün, aber im Keller gelagert reiften sie zu einem Leckerbissen für kalte Winterabende heran. Wie gesagt, der Baum war recht hoch und dazu ziemlich morsch. Die längste Leiter wurde herbeigeschleppt, um die Früchte zu ernten. Ich war der Leichteste, und so fiel mir die nicht ungefährliche Aufgabe zu, hinaufzuklettern und die Birnen zu pflücken.

Sprosse um Sprosse stieg ich höher und höher, und als der Mut zu sinken drohte, tönte es plötzlich aus luftiger Höhe hinab zu den unten Stehenden: »Nur ein feiger Tropf verzagt, nur ein feiger Tropf verzagt!«, aus der Arie des Pedrillo in Mozarts Oper »Die Entführung aus dem Serail«.

Es half. Birne um Birne landete behutsam im Korb und wurde dann vorsichtig nach unten transportiert.

Wenn das Mozart gewusst hätte, welch psychologisch günstige Wirkung seine Arie zu erzeugen imstande war, er wäre gewiss nicht mit fünfunddreißig Jahren verhungert!

Das Pfeifen im Walde

Bei Verwandten in Baden-Baden durfte ich in den Ferien oft »Kinderfräulein« spielen. Und wie gelernt, schob ich den Kinderwagen, ein flottes Sportmodell, überall hin, wo es irgendwie ging, sogar hinauf zum Alten Schloss oder gar zum Merkur. Bergauf war ich keine Konkurrenz für die Drahtseilbahn, hatte sie doch den direkten, geraden Weg zum Hotel und dem Sendeturm des Südwestfunks hinauf, während ich mich die schier endlosen Serpentinen aufwärtsquälen musste. Aber bergab schlug ich alle Rekorde. Nicht, dass ich sportliche Höchstleistungen bringen wollte! Nein, Angst war der Antriebsmotor, der mich wie eine Rakete zu Tale schießen ließ. Den Gipfel hatte ich nicht ganz erreicht. Plötzlich war mir unheimlich geworden in der Stille des Waldes, wo jedes Baumesrauschen, Blätterrascheln und jeder harmlose Vogelruf einen einsamen Sportwagenchauffeur wie mich zusammenzucken und ängstlich nach hinten schauen ließ.

Singen half ein paar Meter weiter. Doch kaum war die Arie zu Ende geschmettert, kehrte das unheimliche Gefühl wieder zurück. Mit Pfeifen schaffte ich auch noch die nächste Kurve, doch dann war's mit dem Konzert endgültig vorbei. Schnell den Wagen gewendet und ab, den Berg hinunter, als ob ein Rudel Wölfe hinter mir her wäre. Die Haare flatterten im Fahrtwind, die Beine sausten bis zum Allerwertesten hoch, die Schweißperlen schlugen sich als Tautropfen am Wegrand nieder, das Herz pochte bis zum Hals, eine Staubwolke wirbelte auf, und der kleine Fahrgast jubilierte dabei, lachte über alle Backen und klatschte erfreut mit seinen Händchen. So eine rasante Fahrt hatte er noch nie erlebt und er war offensichtlich der Meinung, ich täte dies alles zu seinem Vergnügen.

Die dicke Cousine

Einmal kam eine dicke Cousine zu Besuch. Eigentlich war sie gar keine richtige Cousine, ihre Mutter war die Base meines Vaters, aber wer kennt sich schon mit Verwandtschaften aus? Jedenfalls war sie dick, und ich sollte ihr die schöne Stadt Baden-Baden zeigen.

Ich war gerade in dem Alter, wo sich richtige Jungen sowieso genieren mit einem Mädchen gesehen zu werden und dazu noch mit so einem dicken ... – klein und schmächtig, wie ich damals war. Aber alle Ausreden, von wegen keine Lust und Bauchweh, halfen nichts. So machte ich mich halt missmutig mit ihr auf den Weg, natürlich den gebotenen Abstand haltend. Zu allem Unglück hatte ich auch noch meinen Fotoapparat mitgenommen, der mich ganze dreißig Mark selbst gesparten Geldes gekostet hatte. Und jetzt lag sie mir dauernd in den Ohren, dass ich sie fotografieren solle.

Wieder half alles Wenn-und-Aber nichts, und so setzte ich sie schließlich, damit ich endlich meine Ruhe hatte, in der Lichtentaler Allee an einen Springbrunnen, ging zwanzig Schritte zurück, vielleicht waren es auch vierzig, und betätigte den Auslöser. Jetzt war sie zufrieden. Später, als die Aufnahme entwickelt war, wunderte sie sich allerdings, dass sie so winzig in dem Riesenpanorama saß.

Aber was ist schon der Mensch in Gottes gewaltiger Schöpfung?

Hansjakob und der letzte Zehnmarkschein

Bei Oma und Opa in Schramberg waren die Ferien immer ganz toll. Opa wusste spannende Geschichten zu erzählen von seinen Jugendstreichen*, und Oma zeigte mir jeden Morgen einen Zehnmarkschein und behauptete, dies sei ihr letzter. Dann ging sie einkaufen, und am anderen Tag war es dann wieder ihr letzter. Ich dachte, es ist gut, wenn man immer einen letzten Zehnmarkschein hat, so geht das Geld nie aus.

Als Oma wieder einmal ihren letzten Zehnmarkschein forttrug, klingelte es. Meine Großeltern wohnten im dritten Stock. Opa stand von seinem Schreibtisch auf, nachdem er sein heimliches Cognacfläschchen im Spiegeltürchen wieder eingeschlossen hatte, und öffnete die Glastüre.

»Was ist?«, polterte er in seiner gewohnten Art daher, wenn er einen Hausierer in der fremden Person witterte. Die

---

* Nachzulesen im dritten Teil dieses Buches.

wohlbeleibte Frau mit dem Henkelkorb am Arm trat entsetzt drei Schritte zurück.

»Ich will, ich wollte, ich habe ...«, stotterte sie aufgeregt, was sonst nicht ihre Art war.

»Was ist?«, fuhr Opa sie nochmals an, als ob er nichts verstanden hätte, und schon ging das eingeschüchterte Wesen zuerst langsam, Stufe für Stufe rückwärts die Treppe hinunter, und als Opa auch noch ein »Lumpengesindel, Halsabschneider, Bauernfänger« und ähnliche Koseworte hinterherschickte, rannte die Frau immer schneller hinab, eifrig »Wüstling, Grobian, Chaibliedriger« und andere Rechtfertigungen dagegenmaulend. Unten angekommen, schoss sie noch eine geballte Faust und tödliche Blicke nach oben, dann knallte die Tür.

»Die kommt so schnell nicht wieder«, stellte Opa ruhig fest, setzte sich zufrieden an seinen Schreibtisch und zwinkerte verschmitzt dem darüberhängenden Bild seines geliebten Heinrich Hansjakob zu. Das Spiegeltürchen wurde geöffnet, einen kleinen Schluck hatte er jetzt verdient, zumal Oma nicht da war.

Als sie ihren letzten Zehnmarkschein verprasst hatte und wieder heimkam, war ihre erste Frage: »War die Butterfrau schon da?«

Sie hatte nämlich bei einer Bäuerin, die ab und zu in die Stadt kam, frische, selbst hergestellte Butter bestellt.

Opa schüttelte den Kopf: »Butter hat niemand gebracht. Aber eine Hausiererin war da, der hab ich aber Beine gemacht!«

Ich ahnte nun, wer die vermeintliche Hausiererin war, Opa vielleicht auch, aber er sagte nichts. Und Oma wird es von der Butterfrau schon noch erfahren haben!

Ein Fernglas für den Buben

Eines Tages fand im Gasthaus »Bären« eine Werbeschau statt. Was da verkauft werden sollte, weiß ich nicht mehr. Oma jedenfalls ließ keine derartige Veranstaltung aus. Jeder sollte ein echtes Fernglas bekommen, stand im Prospekt, und so gingen Opa und ich mit. Ein Fernglas für den Buben, das war den Abend wert!

Der Vertreter auf der Bühne machte das, was alle in seiner Branche tun. Er redete und redete und pries seine Ware an, sie sollte ja auch gekauft werden. Opa rutschte auf dem Stuhl hin und her und bruddelte dauernd vor sich hin: »Schwätzer, elender, mach endlich Feierabend!«

Ich hatte auch Sehnsucht, endlich das versprochene Geschenk zu bekommen. Da hielt der Werbeagent plötzlich inne. Vielleicht wollte er nur mal kurz Luft schnappen, um einen neuen Redeschwall zu starten. Dazu kam er aber nicht mehr. Opa sprang auf und klatschte so laut, dass der ganze Saal mitklatschte. Und da Opa nicht aufhörte, wollte der Beifall kein Ende nehmen. Der Marktschreier auf der Bühne blickte erst verdutzt, war dann aber überwältigt von den Ovationen des Publikums und machte eine Verbeugung nach der anderen. War er denn heute so gut gewesen, schoss es ihm durch den Kopf? Er konnte ja nicht ahnen, dass Opa nur so laut geklatscht hatte, damit er endlich zu reden aufhörte.

Und dann bekam ich meinen Feldstecher made in Hongkong. Stolz zogen wir damit heimwärts, nachdem Oma tüchtig eingekauft und wieder ein paar ihrer letzten Zehnmarkscheine geopfert hatte. Den Morgen konnte ich kaum erwarten. Bei den ersten Sonnenstrahlen stand ich am Fenster, vor Freude über meine neue Errungenschaft zitternd. Opa kam auch schon angeschlurft, um einmal durchzuschauen. Er zitterte ebenfalls, aber vor Wut. Man konnte an dem Blechkasten drehen, wie man wollte, außer farbigen Rändern sah man alles verschwommen, dafür aber doppelt.

»Diese Saubande, diese Bankrottfirma, wenn ich das gewusst hätte, dem hätte ich anders geklatscht!«, eiferte sich Opa so, dass Oma erschrocken aus dem Bett fuhr.

»Ist dem Buben was passiert?«, kam sie aufgeregt angelaufen.

Aber auch sie konnte dem lausigen Instrument keine bessere Sicht entlocken. Zum Trost gab es einen guten Bohnenkaffee nach Omas Rezept: die duftenden Bohnen mahlen, in die Kanne geben und mit kochendem Wasser aufgießen und trinken. Am anderen Tag neues Pulver dazu und wieder aufgießen und das so lange, bis die Kanne mit Kaffeesatz ziemlich voll war. Dann begann die Zeremonie von neuem. Dazu gab's vom »Zuckerbäck«, zwei Häuser weiter, extra rösche Laugenbrezeln, dick mit Butter beschmiert. Sie schmeckten köstlich, zumal ich zu Hause nicht so verwöhnt wurde. Aber schließlich war ich ja bei Oma und Opa in Ferien!

Das ratlose Lehrerkollegium

Eines Morgens, wir hatten mal wieder keine Lust unser Hirn besonders anzustrengen, zog der lange Eugen ein Plakat aus seinem Ranzen, das er daheim in Vaters Betrieb fein säuberlich mit Druckbuchstabenschablonen bemalt hatte:

> Raum wegen Desinfektion
> vorübergehend geschlossen.

Und schon wussten wir, was zu tun war. Kurz vor Unterrichtsbeginn, als es bereits das erste Mal geläutet hatte, montierten wir die äußere Klinke der Klassenzimmertür ab, so dass sie nur noch von innen zu öffnen war, und hängten das Schild draußen auf. Nun schnell auf unsere Plätze. Wir verhielten uns so lautlos wie noch nie. Bald knarrten die Dielen im Gang. Schritte näherten sich der Tür. Plötzlich Stille! Wir konnten uns das verdutzte Gesicht unseres Physikus gut vorstellen.

»Na, so was!«, hörten wir jetzt, »davon wusste ich gar nichts!«

Und dann noch einmal: »Na, so was!«

Und knarrend entfernten sich die Schritte wieder. Vor Freude wären wir am liebsten hochgesprungen, aber kein Laut durfte uns ja verraten. Denn bald knarrten die Dielen wieder und ein erregtes Stimmengewirr war zu vernehmen. Der Physikus hatte Verstärkung geholt. Wieder großes Rätselraten.

»Die Klasse wird in einem anderen Raum sein«, ließ sich der Zeichenlehrer vernehmen und sicher zwinkerte er dabei nervös mit den Augenlidern.

Ein Schüler aus dem danebenliegenden Zimmer wurde losgeschickt, die verschollenen Zöglinge zu suchen. Wieder verrann einige Zeit, eine lange Zeit, wenn man still sitzen musste und sich nicht einmal räuspern durfte. Aber jetzt gab es kein Zurück mehr, jetzt wollten wir erleben, was sich noch alles abspielte. Der Direx kam.

»Was ist denn hier los? Meine Herren, der Unterricht hat bereits begonnen!«, hörten wir seine mahnende Stimme.

»Ja, ja, Herr Direktor«, wagte der Physikus einzuwenden, »aber ich finde meine Klasse nicht. Sie müsste hier in diesem Zimmer sein, aber sehen Sie selbst!«

»Aber das müsste ich doch wissen«, warf der Direx empört ein. »Von einer Desinfektionsmaßnahme ist mir nichts bekannt!«

Und beifälliges Gemurmel bestätigte seine Empörung.

»Und die Schüler müssen ja auch wo sein!«, war eine weitere Meinung zu vernehmen.

Der Stimme nach musste es die Musiklehrerin mit der Beethovenmähne sein, die sich anscheinend dazugesellt hatte. Ihr Zimmer lag im selben Stockwerk unter dem Dach. Nun musste der Hausmeister her! Er wusste ebenfalls nichts von einer Desinfektion. Und der losgeschickte Schüler hatte uns auch nicht gefunden.

Da dämmerte es dem versammelten Kollegium langsam, aber sicher, dass da etwas nicht mit rechten Dingen zugehen konnte. Der Hausmeister vertauschte sein Meerröhrchen, das er immer im Ärmel stecken hatte, mit dem jetzt wichtigeren Schlosserwerkzeug. Und da war es um uns geschehen! Die Tür sprang auf und eine verdutzte Lehrerschar schaute auf eine mäuschenstill verharrende Schülerbande. Jetzt war ein Donnerwetter fällig, wir waren auf alles gefasst. Aber irgendwie musste unser braves Stillhalten Eindruck gemacht haben, denn plötzlich glättete ein Lächeln das Gesicht des Direx.

»So lange stillzusitzen ist auch eine Leistung!«, löste er die Spannung und lachte dann laut.

Und das Lachen breitete sich schnell auf alle Beteiligte aus. Nur der Physikus lachte nicht. Er fühlte sich gehörig auf den Arm genommen. Wir wussten, vor ihm mussten wir uns in nächster Zeit in Acht nehmen.

Die Schnurpost

In der Oberstufe war unsere Klasse in einen sprachlichen und einen naturwissenschaftlichen Zweig getrennt. Die Klassenzimmer lagen übereinander, und so kamen wir bald auf die Idee, die Physiker und Chemiker unter uns mit einer Schnurpost an der Außenfassade hinab zu erfreuen. Lauter Nettigkeiten schrieben wir selbstverständlich auf die Zettelchen.

Einmal war unser Lehrer noch nicht da, und so wanderte wieder solch ein kleiner Glücksbringer am Faden nach unten.

»Wer das liest, ist ein Arschloch!«, stand diesmal zur Beglückung darauf.

Aber, o weh! Unten hatte der Physikus bereits seinen Unterricht aufgenommen und zu allem Unglück sah er auch noch zum Fenster hinaus, als die Post erschien. Flugs war er zur Stelle und nahm das Brieflein in Empfang. Aber seine Gesichtszüge entgleisten schnell, als er die frohe Botschaft vernahm. Wir hätten von alledem nichts bemerkt, wenn nicht plötzlich die Tür aufgerissen worden wäre. Herein stürzte der geplagte Physikus.

»Wer war das!«, keuchte er, rot vor Zorn. »Wer war das unverschämte Individuum?«

Aber wir wussten wie immer von nichts. Und so hieß es dann lediglich im Klassenbuch: »Klasse hängt unflätige Bemerkungen zum Fenster hinaus«. Das war zu verschmerzen.

Auf die Idee, sich den Zettel von einem Schüler vorlesen zu lassen, kam unser Physikus nicht.

Das Riesen-Messbuch

Als Kind war ich ziemlich klein und schmächtig. Und so war es für mich nicht ganz leicht, beim Ministrieren in der Kirche die passenden Gewänder zu finden. Zunächst galt es einen Rock anzuziehen, der je nach Tagesheiligem oder -anlass rot, grün, violett oder schwarz war und der meistens so groß ausfiel, dass ich trotz Hochziehens bis unter die Arme bei jedem Schritt drauftrat. Darüber kam ein weißes, mit Spitzen verziertes Hemd, dessen Ärmel hochgekrempelt werden konnten, um die Hände für die notwendigen Verrichtungen am Altar frei zu haben. Als Krönung vervollständigte noch ein Kragen in der Farbe des Rockes das Gewand. Man kann sich nun leicht vorstellen, wie es für einen so kleinen Kerl wie mich schwer war, ohne zu stolpern auch nur geradeaus zu gehen.

Nun hatten die Altäre damals noch sehr viele Stufen und es galt auch noch die Pflicht, immer vor dem Tabernakel mit den heiligen Gefäßen eine Kniebeuge zu machen. Fast jedes Mal tappte man dabei auf seinen langen Rock, was sich beim Erheben dann immer in schwer auszubalancierenden Gleichgewichtsstörungen bemerkbar machte. Und zu allem Übel lauerte auf dem hohen Altartisch ein Riesen-Messbuch, alt, ehrwürdig, mit enormem Gewicht. Es thronte auf einem wuchtigen Holzständer in für mich schwindelnder Höhe und wartete darauf, nach der Lesung von rechts- zum Evangelium nach linksaußen geschleppt zu werden. Erschwerend kam noch hinzu, dass das Buch nicht immer in der Mitte aufgeschlagen war, sondern oft ziemlich vorne oder hinten, so dass die Teile nicht gleichmäßig dick verteilt waren.

So sah es auch aus, als ich mich daranmachte, dieses Monstrum seinen gewohnten Weg zu befördern. Todesmutig näherte ich mich also von rechts mit einer ehrfürchtigen Verbeugung dem Altar, atmete noch einmal tief durch und packte dann das Ungetüm mit der aufgeschlagenen Lesung aus der Apostelgeschichte mit einem gewaltigen Ruck. Das Buch mit dem dicken Ledereinband und dem verblichenen Goldschnitt wackelte leicht, hielt aber dem Versuch stand mich zu blamieren. Links am Ständer vorbeischielend, tastete ich mich Stufe um Stufe hinab, um unten in der Altarmitte die obligatorische Kniebeuge zu machen. Wieder rutschte das Buch leicht zur schwereren Seite, was mich nun doch ins Schwitzen brachte. Trotzdem mogelte ich mich die Stufen zur Evangelienseite hoch. Auch das war geschafft. Erleichtert atmete ich durch. Zentnerweise fielen mir die Steine vom Herzen; noch eine letzte Anstrengung und – da passierte es!

Die Konzentration hatte der Freude über das vermeintlich gelungene Werk Platz gemacht und beim Versuch, den Ständer samt Buch auf dem Altartisch zu platzieren, rutschte der ganze Aufbau hinunter, und polternd fielen die lateinischen Messgesänge die Stufen hinab, dass es im Kirchenschiff mit den lautlos harrenden Gläubigen nur so dröhnte.

Am liebsten wäre ich in den Boden versunken, aber es war keine Luke da, die sich aufgetan hätte. Nur der Mesner glotzte drohend aus der Sakristeitür, und der Pfarrer bemühte sich murrend, seine lateinischen Evangelienverse wieder zu ordnen. Ich war froh, als es bald mit dem »Dominus vobiscum« weiterging, wobei mir das »Et cum spiritu tuo« noch recht verdattert über die Lippen kam.

Der Schrei in der Trauermette

Bei uns Buben sehr begehrt war das Ministrieren bei den Trauermetten, dauerten sie doch oft bis spät in die Nacht hinein. Da durften wir lange aufbleiben, und das war doch für Kinder immer am wichtigsten, früher wie heute. Die zweite Attraktion dabei war das Bedienen der hölzernen Klappern, die in der Zeit vom »Gloria« des Gründonnerstags bis zum »Gloria« des Karsamstags die üblichen Schellen am Altar ersetzten.

Trauermette nannte man das nächtliche Chorgebet der Kirche, das in drei Nokturnen (Nachtwachen) eingeteilt war und an den Vorabenden vor Gründonnerstag bis Karsamstag gehalten wurde. Erhebend waren für mich die Klagelieder des Propheten Jeremias, die von Mitgliedern des Kirchenchors einzeln im tiefsten Bass von der Orgelempore herab durch die ins Dunkel gehüllte Kirche hallten und nach dem hebräischen Alphabet geordnet waren.

Dabei stand vor dem Hochaltar ein riesiger Leuchter, dessen fünfzehn Kerzen beiderseits treppenförmig nach oben führten. Der Oberministrant löschte während der feierlichen

Liturgie an genau vorgeschriebenen Stellen der Gebete und Gesänge immer wieder ein Lichtlein von unten nach oben, bis schließlich nur noch die Kerze oben an der Spitze des Leuchters übrig blieb. Diese nahm er dann herab, alle Lampen wurden gelöscht, und der Oberministrant ging nun stolz gemächlichen Schrittes mit diesem letzten, einsam brennenden Lichtlein hinter dem Hochaltar herum, um es anschließend wieder auf seinen Platz zu stecken.

An einem dieser Abende hatte ich Dienst. Und zwar durfte ich die bereits erwähnten Klappern bedienen, just in dem Moment, da der Oberministrant den besagten Gang zu tun hatte. Es lief anfangs auch alles wie gewohnt ab. Die Lichter erloschen und das einsame Kerzlein wanderte seinen üblichen Weg, während die beiden Holzklappern dazu betätigt wurden. Auf einmal, das Licht war gerade hinter dem Altar verschwunden, tat es einen Schrei, gefolgt von einem lauten Gepolter und totaler Finsternis. Dann – atemlose Stille! Der Mesner fuchtelte mit einer Taschenlampe, und hervor kroch ein kreidebleicher Oberministrant mit einem erloschenen Kerzlein. Nichts war mehr zu sehen von seinem hochnäsigen, aufrechten Gang, die Wut über das Missgeschick stand ihm ins Gesicht geschrieben.

Wer aber den Holzprügel, den der Mesner später hinter dem Altar hervorholte, dort hingelegt hatte, ist bis heute nicht heraus.

Nöte im Heu

Einer der zahlreichen Ministrantenausflüge führte uns einmal nach Frankfurt, wo wir den Flughafen und den Zoo besichtigten. Da die Strecke weit war, für manche von uns eine halbe Weltreise, übernachteten wir außerhalb der Stadt auf einem Bauernhof. Der Eigentümer kannte wohl den begleitenden Kaplan oder war sonst der Kirche allgemein oder uns Messdienern besonders gut gesonnen, jedenfalls stellte er uns seinen Heuboden zur Verfügung, wo wir uns alsbald mit Sack und Pack breitmachten.

Bei Einbruch der Dunkelheit erzählten wir uns gegenseitig noch Gespenster- und Gruselgeschichten, die es uns bald unmöglich machten, an einen wohlverdienten Schlaf zu denken. Das Heu tat ein Übriges. Es stupfte und stachelte, wie man sich auch drehen und wenden wollte. Doch mit der Zeit fielen auch dem Muntersten die Augen zu. Und bald zeugte ein allgemeines, vielstimmiges Schnarchen von zufriedenen Ministranten, bis, ja bis ich plötzlich aufwachte. Es war stockfinster, und ich verspürte in der Blase einen kräftigen Druck, sicher von der vielen ungewohnten Limonade des Vortags.

Was tun? Eine Taschenlampe hatte ich keine, Lärm zu machen getraute ich mich nicht, der Kaplan übernachtete im Bauernhaus, und ein Ausgang war nirgends zu entdecken. Nach unten führte nur eine schmale Leiter, die ich in der Dunkelheit nicht finden konnte. Also blieb mir nur eines übrig. Ich schlich langsam auf allen Vieren an die Stelle, wo ich glaubte, dass dort das Dach an die Mauern stieß. Hier müsste doch ein Spalt sein, um meine Nöte zu lindern. In der Dunkelheit war nichts zu erkennen, aber ich konnte nicht mehr anders. Erleichtert kroch ich den Weg zurück, hier und da einen anrempelnd, der dann im Traum knurrte. Zufrieden wickelte ich mich wieder in meine Decke ein und dämmerte dem nahen Morgen entgegen.

Bald reckte sich der eine und streckte sich der andere, und im Nu war der ganze Haufen munter. Kaum blinzelten wir in den neuen Tag hinein, als plötzlich der stämmige, pausbackige Rudi aufheulte:

»Wieso ist denn meine Decke da unten so nass?«

Und bei genauerem Betrachten dann schrie: »Wer war die Sau? Da hat doch einer auf meine Decke gepisst!«

Nun war ein Hallo! Alles lachte und lärmte los. Der Kaplan kam gelaufen und meinte, es wäre vielleicht etwas Schreckliches passiert. Aber er hatte sich umsonst so schnell in die Kleider geworfen. Er wusste auch nicht, wie das Malheur geschehen war. Und ich war wohlweislich still. Ich hatte da so eine Ahnung.

Die Dreikönigsschlacht

Zur schönsten Zeit im jährlichen Ministrantendasein gehörten zweifellos die Tage zwischen Weihnachten und Dreikönig, an denen die Messbuben von St. Peter und Paul als Sternsinger von Haus zu Haus zogen und den Menschen darin die Botschaft vom neugeborenen Jesuskind sangen und in Versform vortrugen. Damit die Gruppe noch imposanter wirkte, waren neben den drei Weisen aus dem Morgenland, dem Kaspar, Melchior und Balthasar, auch noch König Herodes, ein Schriftgelehrter und ein Sternträger dabei.

In farbenprächtige Gewänder gehüllt, aus Pappe und Goldpapier Kronen auf dem Haupt, mit rußgeschwärzten Korken Schnurrbärte ins Gesicht gemalt, konnten wir uns schon sehen lassen, und der Mohr hatte gar, wie es sich gehört, das ganze Gesicht geschwärzt und einen Turban um den Kopf geschlungen. Das Tüpfelchen auf dem »i« aber war der Stern mit dem langen Schweif, aus Sperrholz ausgesägt und mit Goldpapier beklebt. In der Sternmitte hatten wir eine Fassung mit einem Taschenlampenbirnchen montiert, von wo aus eine mit Papierstreifen verdeckte Leitung hinab zum Sternträger führte. Der hatte eine Batterie, deren Strom ab und zu das Lichtlein oben speiste und bei den Zuschauern ein »Ah« und »Oh« auslöste, vor allem bei den Kindern.

Gold, Weihrauch und Myrrhen hatten wir nicht zu bringen, wir waren ja schließlich nicht so reich wie echte Könige, dafür hatten wir aber eine Opferbüchse dabei für die erbetenen Geldspenden, die der Mission oder anderen guten Zwecken zukommen sollten. Auch eine große Tasche führten wir vorsorglich mit, wenngleich davon in der Bibel ebenfalls nichts stand, aber auch ein König freut sich mal über ein paar Plätzchen, einen Apfel, eine Tafel Schokolade oder gar eine Orange, zumal wir in der Nachkriegszeit damit nicht gerade gesegnet waren. Und wenn manch Erwachsener nicht recht wusste, ob er Geld oder Essbares geben sollte, waren wir immer einhellig fürs Essbare, das durften wir nämlich unter uns verteilen.

So zogen wir also von Haus zu Haus, jede Gruppe hatte ihr bestimmtes Gebiet, und wenn sich uns eine Tür öffnete, sangen wir: »Nun sehet den Stern, den wir bringen, ein Licht aus der heiligen Nacht ...«, und dabei blinkte der besungene

Stern auf, wobei es manchmal auch eines Schubses für dessen Träger bedurfte, wenn er allzu gierig auf die Gaben auf dem Tisch lugte und seinen Einsatz verpasste.

Darauf stellte sich Herodes vor: »Ich bin König Herodes, Vierfürst von ganz Galiläa ...«, und er wunderte sich, dass er nichts von einem neugeborenen Knäblein gehört hatte, das die drei Weisen anbeten wollten.

»König Kaspar bin ich genannt, ich komme aus dem Morgenland, ich bin gekommen, das neugeborene Kind aufzusuchen und es anzubeten.«

So äußerten sich alle drei Könige, und der Schriftgelehrte las dann noch die bekannte Weissagung »Du Bethlehem im Lande Juda ...« vor, ehe der Vortrag mit einem Neujahrslied und guten Wünschen endete.

In ein Haus ging ich besonders gern. Wir waren nach dem Krieg französische Besatzungszone gewesen, und auch später wohnten noch viele französische Familien in der Stadt. Sie hatten manche Köstlichkeiten, die bei uns Kindern besonders begehrt waren: Schokolade, Orangen, Kaugummi. Nun, in besagtem Haus wohnte solch eine französische Familie, und jedes Mal, wenn unser Vortrag zu Ende war, fragte die Madame: »Wer sein Balthasar?«

Vielleicht hatte ihr Großvater so geheißen oder eine ehemals große Liebe, ich weiß es nicht. Aber ich war glücklicherweise immer Balthasar und bekam so jedes Mal zusätzlich eine Kostbarkeit ab.

Von diesen Vergünstigungen mussten auch die Messdiener vom nahen Kloster Maria Hilf Wind bekommen haben, denn eines Abends hörten wir zu unserem Schrecken in manchem Hause, wo wir sonst üblicherweise einiges bekamen, die furchtbare Nachricht, es seien schon andere vor uns dagewesen. Nun hieß es aufgepasst! So schnell wollten wir uns den verdienten Lohn nicht abjagen lassen.

Am anderen Tag hatten wir viel zu tun. Es galt nämlich, Holzschwerter zu schnitzen. Heilige Könige hin oder her, zu einem tüchtigen König gehörte nach unserer Ansicht ein Schwert. Und so zogen am Abend plötzlich von Waffen im Gürtel strotzende Heilige samt Gefolge durch die Straßen. Der Stern hätte wohl am liebsten seinen leuchtenden Schweif eingezogen vor Scham über so viel Scheinheiligkeit, aber er war ja nur aus Sperrholz, und das war nicht elastisch genug. So ausgestattet legten wir uns am Klosterweg auf die Lauer. Es kam, was kommen musste. Kaum tauchten die falschen Heiligen im Torbogen auf, als auch schon ein vielstimmiger Schrei die nächtliche Stille zerstörte: »Los, auf sie, gebt's ihnen!«

Und dann hob ein Lärmen und Toben an, Holz splitterte, die Schwerter krachten auf alles, was sich bewegte, sogar der Stern musste herhalten und sauste in regelmäßigen Abständen auf die Eindringlinge nieder.

Schließlich hatten wir gesiegt, gut gerüstet wie wir waren, und heulend zogen die Geschlagenen von dannen.

»Das sagen wir der Oberin«, maulten sie noch, aber sie hatten genug und ließen sich nicht so schnell wieder in unserem Revier blicken.

Seitdem zogen wir wieder friedlich durch die Straßen, der reparierte Stern mit neuem Lichtschein blinkte wie ehedem, aber vorsichtshalber hatten wir uns neue Schwerter besorgt. Man konnte ja nie wissen, welche Heiligen uns noch begegneten.

Der Friedhofssturm

Bei den Beerdigungen wurden fünf Ministranten gebraucht, drei für Rauchfass, Weihrauchschiffchen und Weihwasser, einer für das Kreuz und einer für die große Fahne. Für den Dienst gab es zusammen drei Mark. Je fünfundzwanzig Pfennig bekamen die drei mit den leichteren Geräten, fünfundsiebzig Pfennig fielen für den Kreuzträger ab und der Rest von einer Mark fünfzig stand dem mit der Fahne zu, der ja auch eine beträchtliche und nicht ganz ungefährliche Last zu tragen hatte, wie sich noch zeigen wird.

Eines Tages hatte der vorgesehene Fahnenträger abgesagt, und so war ich eingesprungen, da ich nahe bei der Kirche wohnte. Doch der Mesner blickte recht skeptisch drein, als sein Blick auf meine dünnen Ärmchen fiel.

»Mit dem Fahnetragen wird's wohl nichts werden«, meinte er, »zumal der Wind heute nicht gerade zahm ist!«

Ich aber dachte an die eine Mark fünfzig und versprach, mich hoch aufrichtend, das Ding schon zu schaffen. Auf dem Weg zum Friedhof nahm der Wind immer mehr zu, die Wolkenberge jagten nur so dahin, mir wurde bang und bänger, aber aufgeben, mich auslachen lassen? Nein, das durfte nicht sein!

Die Trauerfeierlichkeit begann. Wie immer hatten sich Kreuz und Fahne nebeneinander am offenen Portal der Friedhofskapelle aufgestellt. Der Wind hatte sich mittlerweile zum Sturm entwickelt, jedenfalls schien es mir so. Die Fahnenstange hatte ich zwischen die Schenkel geklemmt, und mit beiden Händen hielt ich das Fahnentuch krampfhaft fest.

»Nur nicht loslassen«, pochte es in meinem Hirn, »nur das nicht!«

Der Kreuzbub neben mir sah mich angstvoll an, oder war es schon so was wie eine Vorahnung? Plötzlich fegte eine Sturmböe heran. Der Pfarrer hatte gerade den Satz angefangen: »Aus den Tiefen rufe ich, Herr, zu dir«, da passierte es.

Ich konnte das Segel in meinen Fäustchen nicht mehr länger halten, und mit einem furchtbaren Schlag donnerte ich samt Fahne mitten in die Trauergemeinde hinein. Der Gang war Gott sei Dank leer, ich glaube, sonst hätte ich jemanden mit dem Geschoss erschlagen. Ein Aufschrei ging durch das Volk, als sei der Leibhaftige selbst hereingefahren. Der Mesner sauste herbei und maulte: »Du Saubub! Hab' ich's doch gleich geahnt!«

Aber es war halt schon passiert. Ich durfte während des Friedhofganges in der Kapelle bleiben, während draußen der Sturm tobte. Zu meiner Ehre sei erwähnt, dass am nämlichen Tage noch ein Baum entwurzelt wurde. Und meine eine Mark fünfzig bekam ich dann doch noch.

Der Schrecken saß mir aber noch lange in den Gliedern und ich glaube, den Trauergästen auch.

Die Katze unterm Rock

Es war an einem herrlichen Sommertag. Kein Lüftchen wehte. Eine stattliche Trauergemeinde hatte sich am offenen Grab versammelt. Der Pfarrer sprach die gewohnten Gebete, und der Mesner gab pflichteifrig das »Amen« an den vorgeschriebenen Stellen dazu.

Edgar hatte an diesem Tag die Ehre, die große Fahne halten zu dürfen. Und schwitzend stand er nun in der prallen Sonne, das Ende der feierlichen Handlung ersehnend, um alsbald eine kühle Erfrischung im städtischen Schwimmbad zu suchen. Der Pfarrer war jetzt zu seiner Ansprache gekommen und lobte den Verstorbenen über alle Maßen, was auf dem Zettel stand, den ihm der Totengräber zu Beginn der Beerdigung zugesteckt hatte. Er stammte von der Verwandtschaft, die dem Dahingeschiedenen wenigstens einmal, und sei es auch nur auf dem Friedhof, etwas Gutes zukommen lassen wollte.

Plötzlich wagte ein kleines, vierbeiniges Etwas, das sich beim näheren Hinsehen als Katze entpuppte, die Aufmerksamkeit der Trauergesellschaft von Hochwürden weg auf sich zu lenken. Unbekümmert stolzierte sie durch die Reihen, blinzelte gelangweilt in die stechende Sonne und machte Anstalten, sich ehrfurchtslos inmitten der Kränze niederzulassen. Das ging dem Mesner, der den Weg des unverschämten Viehzeugs mit rollenden Augen sprungbereit verfolgt hatte, nun doch zu weit. Und obwohl sich die Katze mit ihrem schwarzen Haarkleid der Umgebung angepasst hatte, störte ihn ihre Anwesenheit sehr, zumal sie mit dem Toten kaum verwandt sein konnte, trotz Trauerfarbe, sonst wäre ihr Gang geknickter gewesen. Dazu kostete sie Hochwürden auch noch die ungeteilte Aufmerksamkeit der Zuhörer. Und ehe sich die Katze versah, hatte sie mit dem Weihwasserpinsel eins abbekommen.

Über diesen unverhofften Wassersegen war sie nicht gerade erbaut, und mit einem gewaltigen Satz sprang sie davon, schnell irgendwo Schutz suchend vor des Mesners Zorn. Was konnte da gelegener sein als ein Ministrantenrock, der bis zum Boden reichte? Und so fuhr sie dem Fahnenträger Edgar unter sein Gewand und strich ihrem Retter dankbar und schnurrend um die nackten Waden. Das kitzelte natürlich furchtbar, und Edgar trat in höchster Not von einem Bein auf das andere. Doch das Ungetüm ließ sich nicht aus dem sicheren Versteck vertreiben. Die Fahne wackelte bedenklich, und wenn die Beerdigung in diesem Augenblick nicht gerade zu Ende gewesen wäre, wer weiß, ob es meinen Bruder nicht noch samt Fahne hingeschlagen hätte.

So aber konnte er der rettenden Kapelle zustürmen, und die verängstigte Katze nutzte einen günstigen Augenblick, um in einen Seitenweg zu flüchten. Mit ihrer Friedhofsruhe war's wohl für einige Zeit dahin!

Der vertauschte Spickzettel

In den meisten Fällen hatten wir Ministranten wenig Ahnung von dem Menschen, den man gerade zu Grabe trug, und so hielt sich unsere Anteilnahme in Grenzen. Hellwach beobachteten wir aber alles, was sich rund um die Beerdigung zutrug, vor allem die anwesenden Trauergäste und insbesondere die Grabredner.

Dabei fiel uns eine Gruppe von »weinenden Frauen« auf, wie ich sie nennen möchte. Sie waren bei jeder Beerdigung da und konnten kaum jeden Dahingeschiedenen kennen. Mit verweinten Gesichtern, ständig in ein Taschentuch schnäuzend, standen sie da und musterten dabei mit ihren tränennassen Augen die Trauergesellschaft. Ich musste da immer an die weinenden Frauen in der Bibelgeschichte von der Erweckung der Tochter des Jairus denken, die zum Weinen und

Wehklagen bestellt waren. Doch Geld bekamen diese heulenden Frauen hier bestimmt nicht. Vielleicht waren sie einfach neugierig wie wir Ministranten auf alles, was da kommen konnte.

So zum Beispiel die Grabredner, die manchmal mehr schlecht als recht ihre gedenkenden Worte daherstotterten. Besonders lustig war der Auftritt des Greifebeck, wie er in der Stadt genannt wurde. Mit vollem Namen hieß er eigentlich Johann Jakob Greif und war Innungsmeister der Bäckerzunft. In dieser Eigenschaft musste er bei allerlei Anlässen eine Rede halten, so auch bei Beerdigungen verstorbener Kollegen.

Wieder einmal stand er also am offenen Grab, nahm wie immer seinen Zylinder vom Kopf, fasste in die Innentasche seines Fracks und zog wie gewohnt seinen Spickzettel mit der Grabrede heraus. Leicht zitternd legte er diesen in den Zylinder, drehte ihn in Leserichtung und hob zu sprechen an: »Werte Trauergemeinde ...«

Kaum begonnen, stockte er plötzlich, kramte im Hut herum, griff nochmals in die Jackentasche, wischte sich die Schweißperlen von der Stirn, vergebens. Alles blickte auf den Greifebeck, der schließlich stotterte: »Ich hab' statt der Red' d' Mehlrechnung ei'gschteckt« – um dann flugs ins Hochdeutsche wechselnd mit dem auswendig gelernten Spruch zu enden: »In dankbarer Anerkennung lege ich diesen Kranz am Grabe nieder, ruhe in Frieden!«

Sprach's, wischte sich nochmals über die Stirn und verschwand in die hinteren Reihen der Trauergesellschaft.

Frühe Auferstehung

Zum makabren Glanzpunkt aller Friedhofsgeschichten entwickelte sich die Beerdigung des Hut-Sepps. So nannten ihn alle Leute, weil er Besitzer eines Hutgeschäfts war und ihnen die Zylinder verkauft hatte, die sie jetzt bei seiner Beerdigung trugen. Die Zeremonie in der Friedhofskapelle war beendet, und so schritt der stattliche Trauerzug, er war ja auch ein wohlhabender Bürger gewesen, dem offenen, mit Blumen reichlich geschmückten Grabe zu.

Die Sargträger hatten schon ordentlich Geschäft gehabt, war es doch bereits die dritte Beerdigung am selben Nachmittag. Bei so viel traurigen Gesichtern tat es gut, in den Pausen mal ein kleines Schlückchen Zwetschgenwasser zur Aufmunterung die Kehle hinabrinnen zu lassen. Doch an diesem Tag schienen die Pausen zu lang oder die Schlückchen zu groß geraten zu sein, denn der Gang der vier Aufrechten wäre sogar einer Polizeistreife aufgefallen. Die Trauergäste schienen das aber eher der großen Hitze zuzuschreiben, jedenfalls ahnte niemand etwas von dem drohenden Unheil.

Man kam am Grabe an, der Sarg wurde auf die beiden Holzstangen über dem dunklen Loch gesetzt, der Priester segnete die offene Erde, und jetzt sollte der Sarg in die Gruft hinabgelassen werden. Die Leichenträger ergriffen dazu die beiden Seile, die unter dem Sarg hindurchführten, an ihren vier Enden, und hielten den Sarg damit fest, bis der Totengräber die zwei Hölzer darunter entfernt hatte, um dann das eichene Behältnis langsam und gleichmäßig in die Tiefe sinken zu lassen. Und da passierte das Malheur, das uns Ministranten wie allen anderen Anwesenden zum schauerlichen Schaustück wurde.

Einer der Sargträger, die den unteren Teil halten sollten, verlor auf dem schwankenden Brett das Gleichgewicht, stolperte und ließ das Seil los. Der Sarg sauste so unprogrammgemäß aufrecht ins Grab hinab. Durch die Wucht des Aufpralls öffnete sich der Deckel, und unter einem entsetzten Aufschrei des Trauervolkes schauten die Umstehenden erschrocken in das bleiche Antlitz des Hut-Sepps. Die Angehörigen standen wie gelähmt, der Mesner hüstelte nervös, Hochwürden klappte verdutzt das Buch zu und den Mund auf, der Totengräber wischte sich ein paar Mal über die Augen, als zweifelte er an dem Gesehenen. Es hätte nur noch gefehlt, dass der Hut-Sepp die Augen aufgeschlagen oder einen Laut von sich gegeben hätte, die Verwirrung wäre komplett gewesen.

So aber wurde der Sarg wieder hochgehoben, der Deckel erneut verschlossen und dann in der richtigen Lage zur letzten Ruhe gebettet.

Der Leichenträger, der das Schauspiel unfreiwillig inszeniert hatte, musste anschließend bestimmt noch einmal einen kräftigen Schluck zu sich nehmen, damit sein Gleichgewicht wieder hergestellt wurde.

Auf geht's, Herr Lehrer! -
Heitere Geschichten rund um die Schule

Lebhaft wird es an jedem Stammtisch, wenn ältere Menschen auf ihre Lehrer von früher zu sprechen kommen.

»Da hatten wir mal einen, den Egner«, erzählte der Hirschwirt und seine Augen glänzten dabei, »wenn der hereinkam und es war nicht mäuschenstill, rief er gleich: ›Alle heraustreten!‹ Dann mussten wir aus den Bänken heraus, die Hände vorstrecken, und der Stock sauste der Reihe nach darüber hinweg.«

»Wir hatten einen, den Haferstein«, fuhr der Straßenwart fort, »der musste während des Unterrichts das Gemüse putzen, damit er mittags was zu essen kriegte!«

»Unser Hensler, das war einer«, lachte der Schmied. »Einmal kam der Schulrat. Wir saßen still im Klassenzimmer und blickten ins Lesebuch. Der Hensler lag oben in der Lehrerwohnung im Bett. Jedes Mal, wenn er dort mit dem Stock auf den Boden klopfte, mussten wir umblättern. Ich sehe noch heute das verdutzte Gesicht des Schulrats.«

Lehrer – ein Thema, bei dem jeder mitreden kann. Jeder hat in seiner Schulzeit einige davon erlebt und malt sich daraus sein Bild: In schönen Farben, wenn er gute Erfahrungen machen durfte, in düsteren, wenn er schlechte

Erinnerungen mit diesem Berufsstand verbindet. Die Bandbreite ist groß, auch was das Ansehen anbelangt.

»Lehrer sollte man sein!«, ist ein oft gehörter Spruch, wenn man einen Lehrer außerhalb der Schule oder gar in den Ferien antrifft.

»Lehrer wollte ich nicht sein!«, stöhnt mancher, wenn er es heute mit Kindern zu tun bekommt und seine liebe Not mit ihnen hat.

Die lustigen Begebenheiten rund um die Schule, wie ich sie als Lehrer in meinen ersten Dienstjahren in der Gemeinde Buchheim erlebt habe, sollen in diesem Kapitel etwas von der Freude vermitteln, die Schüler wie Lehrer brauchen, Sinn für Humor, Heiterkeit des Herzens, Frohsinn im Alltag. Schule ist nicht eitel Sonnenschein, keine heile Welt, aber ein bisschen Sonne sollte an keinem Tag fehlen.

Frisch gewagt

Es war an einem Frühlingstag Mitte der sechziger Jahre, als ich mit ein paar anderen hoffnungsvollen Lehramtskandidaten vor dem Schulrat zur Vereidigung stand. Eine kleine Heuberggemeinde war als erste Stelle für mich bestimmt worden, von der ich nicht einmal wusste, wo sie lag. Auf meiner Karte war sie nicht zu finden und der Fahrplan verriet nur, dass einmal wöchentlich ein Bus durchfährt. Ein Auto hatte ich noch keines, wie sollte ich also hinkommen?

Der Schulrat wusste Rat. Er griff zum Telefon und hatte bald meinen zukünftigen Oberlehrer an der Strippe.

»Hier habe ich einen Lehrer für Sie«, lockte er, »wenn Sie ihn wollen, müssen Sie ihn in Messkirch am Bahnhof abholen.«

Der Oberlehrer wollte, und so machte ich mich auf, einen Zug in die richtige Richtung zu erwischen. Doch ich konnte den Fahrplan studieren, wie ich wollte, an diesem Tag fuhr kein Zug mehr nach Norden. So blieb mir nichts anderes übrig, als mich mit meinem Koffer an die Straße zu stellen und auf eine gute Seele mit einem Automobil zu warten. Ich hatte Glück. Ein altes, klappriges Vehikel schien die gleiche Richtung zu haben und hielt an. Und als ein junges, weibliches Wesen die Tür öffnete, vertraute ich mich dem Gefährt an.

Am Bahnhof in Messkirch stieg ich aus, bedankte mich höflich, wie es sich gehörte, winkte der rothaarigen Schönen nach und hielt dann Ausschau nach meinem Oberlehrer. Ich blickte die Straße auf und ab, die Minuten rannen nur so dahin. Es dunkelte bereits und langsam wurde ich ungeduldig.

Ein junger Mann, etwa Anfang dreißig, mit einem Buben an der Hand, schritt ebenfalls schon einige Zeit auf und ab und blieb immer wieder am ausgehängten Fahrplan stehen. Er schien auf einen Zug zu warten. Als wir uns beim Auf- und Abgehen wieder einmal trafen, sprach er mich an: »Warten Sie auch auf einen Zug?«

»Nein«, schluckte ich halb verzweifelt, »mein Oberlehrer hätte mich hier abholen sollen!«

Ich hatte kaum den Satz begonnen, als mein Gegenüber auch schon auf mich zustürzte und meinen Koffer packte.

»Er wird mich doch nicht berauben wollen«, durchfuhr es mich im ersten Schreck, als er meine wenigen Habseligkeiten in ein in der Nähe parkendes Auto schleppte. Schnell eilte ich ihm nach. Doch es war kein Räuber, es war ganz einfach mein Oberlehrer, der vergebens auf einen Zug gewartet hatte, dem ich entsteigen sollte, während ich ohne Erfolg auf der Straße Ausschau hielt. Nun hatten wir uns endlich gefunden und tuckerten mit dem alten DKW unserem Ziel entgegen.

Gurken für den Lehrer

Eines Morgens – ich hatte inzwischen längst zwei nette, kleine Zimmerchen bei einem älteren Fräulein, das mich wie einen Sohn bemutterte, gefunden – musste ich wohl den Wecker überhört haben. Denn plötzlich vernahm ich ein vielstimmiges Rufen. Ich glaubte zu träumen, aber nein, da war es wieder: »Herr Lehrer, Herr Leeeeeehrer!«

Tatsächlich, ich hatte verschlafen, und ein Blick aus dem Fenster ließ es zur Gewissheit werden. Draußen stand meine ganze Klasse und spielte Wecker. Flugs war ich in den Kleidern, schnell ein paar Tropfen Wasser aus dem Lavabo ins Gesicht, geschwind mit der Hand durch die Haare gefahren und dann nichts wie ab, die Stiege hinunter. Das war ein Hallo! Und unter freudigem Winken der Nachbarschaft ging's im Triumphzug zur Schule.

Einmal war ich krank; ein heftiger Husten hatte mich erwischt und Fieber zwang mich ins Bett. Krankenschwester, Zimmerwirtin, die Frau Bürgermeister und die Frau Oberlehrer bemühten sich eifrig, mich mit Zwiebeltee, warmem Bier, mit Schnaps flambiertem Zucker und ähnlichen Mitteln wieder flott zu kriegen, es schien umsonst. Da kam eine Abordnung meiner Schüler, um nach dem Rechten zu sehen. Sie hatten untereinander etwas Geld gesammelt und sich im Kaufladen erkundigt, was mich denn erfreuen könnte.

»Gurken«, überlegte die Verkäuferin, »Essiggurken mag der Herr Lehrer gern.«

Und so kauften sie ein ganzes Fass voll und für das Restgeld noch ein paar Bonbons und Kaugummis. So rückten sie an auf leisen Sohlen. Der Anblick war für mich so lustig, dass mir gleich wieder besser wurde. Ein Fass Gurken! Mir war zwar gerade nicht danach, aber auch schon der Gedanke daran stimmte mich froh.

»Und dann haben wir noch …«, zeigten sie jetzt die Süßigkeiten vor, die schnell in ihren Mäulchen verschwanden, als ich sie ihnen schenkte.

Ein Donnerwetter

Manchmal zogen auch drohende Wolken auf. Brenzlig wurde es für mich, als es im Unterricht plötzlich einmal an die Tür klopfte. Ich war gerade dabei, den Fünft- und Sechstklässlern ein bisschen Rechnen beizubringen, als ein vor Wut schäumender Bauer mit seinem Sprössling aus dem dritten Schuljahr im Gang stand.

»Was fällt Ihnen ein!«, brüllte er los und schien sich auf mich stürzen zu wollen.

Ich hatte Mühe den Mann zu beruhigen und ihn von meinem Kragen fernzuhalten. Doch langsam ging die Schwellung seiner Stirnadern zurück und das Beben seiner Fäuste ließ nach. Da konnte ich ihn fragen, was denn eigentlich los wäre. Nun stellte sich heraus, dass das Söhnlein daheim als Schutzbehauptung vor einer drohenden Strafe mir unterstellt hatte, gegen den Vater etwas Beleidigendes gesagt zu haben. Dem war gewiss nicht so, das konnte ich dem Bauern glaubhaft versichern.

Kaum war meine Unschuld aber erwiesen, drehte sich der vor Scham wieder rot gewordene Vater um, packte das arme Würstchen, und nun hatte ich alle Mühe, ihn daran zu hindern, den Missetäter halbtot zu schlagen.

»Warte nur, Bürschchen, bis wir heimkommen, du Sternsiech, du verreckter!«, war als Drohung noch weit zu hören.

Aber vielleicht würde der lange Heimweg seine Wut etwas abkühlen lassen, ich hoffte es jedenfalls im Interesse des Buben und war froh, als er am anderen Morgen wieder munter erschien.

Das Fräulein Rosa

Das Fräulein Rosa war eine Seele von Mensch. Ihr ganzes Leben lang hatte sie für geringen Lohn in verschiedenen Haushalten gearbeitet. Ins Alter gekommen, musste sie noch mit der Fabrikarbeit anfangen, um finanziell über die Runden zu kommen. Bei ihr hatte ich Wohnung gefunden. So einem schmächtigen Leichtgewicht, an dem der blaue Mantel nur so herumschlotterte, musste man ja Obdach gewähren. Sie wollte schon dafür sorgen, dass der raue Heubergwind die dürre Gestalt nicht fortblies.

Bald fühlte ich mich stark genug, um in der Nachbarschaft bei der Heuernte mitzuhelfen, als Not am Mann war. Eine alte Bäuerin und ihre betagte Mutter standen allein da, der Bauer war im Krankenhaus. Und so spuckte ich in die Hände, packte die Heugabel, um das schwache Geschlecht tatkräftig zu unterstützen. Ich musste das Heu, das im Ladewagen herbeigefahren wurde, mit der Gabel nach oben auf die Tenne bugsieren, wo es die alte Babett mit ihren über achtzig Jahren in Empfang nahm und der Bäuerin weitergab, die es dann zum endgültigen Lagerplatz transportierte.

Mit der Zeit wurde mir recht heiß, der Schweiß lief in kleinen Rinnsalen nur so an mir herunter.

Von Gabel zu Gabel wurde die Heuladung schwerer und ich wollte schon verzagen. Doch was war das? Ich glaubte zu träumen, da sang doch wer? Richtig, da oben stand die alte Babett und trällerte ein munteres Liedchen nach dem anderen vor sich hin. Wie konnte ich mich da lumpen lassen? Mit Todesverachtung packte ich jetzt das Heu und warf Ladung um Ladung des Futtervorrats ein Stockwerk höher, der singenden Babett entgegen.

Müde, Blasen an den Händen, verdreckt, das ehemals weiße Unterhemd war dunkelgrau, aber stolz, kam ich nach getaner Arbeit daheim an. Das Fräulein Rosa war entsetzt, als sie mich erblickte.

»Um Gottes willen, wie sehen Sie denn aus!«, schlug sie die Hände zusammen. »Sie so viel arbeiten zu lassen!«

Und eifrig eilte sie, um Wasser in eine Schüssel zu gießen, damit ich mir wieder ein menschenwürdiges Aussehen verschaffen konnte, derweil sie ein doppelt so großes Vesper wie sonst richtete, um mich wieder aufzupäppeln.

Bald sprach es sich herum, welch ein Herkules der Herr Lehrer bei der Heuarbeit gewesen war, und ich konnte mich über mangelnde Angebote für die Kartoffelernte nicht beklagen.

»Damit der Herr Lehrer auch mal richtig ins Schwitzen kommt«, meinten die Bauern wohlwollend.

Ein Bier zu viel

An einem trübseligen Sonntagnachmittag besuchte ich den Stammtisch im »Hirschen«, an dem einige der Dorfältesten zum munteren Erzählen von alten Zeiten zusammensaßen. Erfreut, dass der Herr Lehrer sich zu ihnen gesellt hatte, spendierten sie eine Flasche Bier nach der anderen. Bald war die schönste Unterhaltung im Gange und manches alte Liedlein wurde immer fröhlicher gesungen.

Aus einer Weingegend stammend, war ich den Biergenuss nicht so gewohnt wie die Umsitzenden, und so wartete ich, bis die Dunkelheit hereingebrochen war. Dann machte ich mich auf den Heimweg, vorsichtshalber vom Sohn des Hirschwirts begleitet, denn die Straßenbeleuchtung war damals nur sporadisch angebracht, die ungeteerten Dorfstraßen aber voll tückischer Löcher. Und dem Herrn Lehrer sollte doch nichts passieren!

Das Fräulein Rosa musste schon Ähnliches geahnt haben, kannte sie doch solche Wirtshausgänge noch gut genug von ihrem verstorbenen Vater. Schmerzerfüllt und mit weinerlicher Stimme öffnete sie die Tür.

»O je, o je!«, jammerte sie nur, als ginge es zum Begräbnis.

»Bon soir, chère mademoiselle!«, grüßte ich sie, mich plötzlich meiner Französischkenntnisse aus der Schule entsinnend, »je suis très enchanté de vous voir!« und ähnliche galante Sprüche »en français«.

Das brachte das liebe Fräulein vollends aus der Fassung.

»Mein Gott, er spricht im Delirium«, schluchzte sie, als ich mich auch schon die schmale, steile Treppe zu meinem Gemach hochrappelte.

Der Schock saß tief bei ihr. Ihr Schnupfen dauerte einige Tage, dann sagte sie: »Wissen Sie, Herr Lehrer, überirdisch dürfen Sie mit mir nicht mehr reden, das ertrage ich nicht.«

Fortan befleißigte ich mich wieder der deutschen Sprache, was dem Fräulein Rosa sichtlich besser gefiel.

Sewastopol auf dem Land

Ja, ja, der Stammtisch! Was gab es da alles zu erzählen! War es ein Wunder, dass manche Runden so lange dauerten? Wie viel Originale gab es noch! Jedes mit seiner eigenen Geschichte. So auch die vom Rominger-Hannes, der den Duft der großen, weiten Welt geschnuppert und etwas davon ins dörfliche Leben mitgebracht hatte.

Es war nie leicht gewesen, das Leben auf den Höhen des Heubergs. Das hatte auch der Bauernsohn Johann Nepomuk Rominger in jungen Jahren zu spüren bekommen. Was hatte er als zehnter von dreizehn Nachkömmlingen vom Leben schon zu erwarten? Die guten Stellungen auf den Höfen waren rar, die Möglichkeiten in Handwerkerberufen gering, hatten es doch die Flickschuster, Scherenschleifer, Zimmerleute, Korbmacher, Näher und Taglöhner schwer genug, sich über Wasser zu halten. Was sollte er als junger, hoffnungsvoller Mensch tun, um seinen Lebensunterhalt zu bestreiten?

So kam es ihm wie eine göttliche Fügung vor, als eines Tages ein welterfahrener Seemann im »Freien Stein« Station machte und der andächtig lauschenden Schar am Stammtisch von Gott und der Welt berichtete. Er hatte in einem Nachbardorf einen weitläufig Verwandten zu Grabe getragen und am Abend in der Dorfschänke Quartier gefunden. Und jetzt gab er am Stammtisch seine Erlebnisse zum Besten und wusste so vieles zu berichten, dass die einheimischen Stammtischbesucher von den Erzählungen bald gefangen waren.

Für den jungen Rominger schien das die Gelegenheit zu sein, endlich eine sinnvolle Arbeit zu finden, und sein Entschluss war noch am selben Abend gefasst: Er wollte Seemann werden, etwas Besseres, so schienen ihm die Erzählungen des welterfahrenen Gastes zu verheißen, konnte ihm nie mehr widerfahren.

Und so geschah es auch. Johann Nepomuk Rominger verließ am nächsten Tag mit dem Seemann den Ort. Die Jahre vergingen. Kein Mensch dachte mehr an ihn. Für seine Brüder war er verschollen, für die Schwestern gab es ihn nicht mehr. Doch eines Tages geschah das Unfassbare: Johann Nepomuk Rominger kehrte als weitgereister Seemann in sein Heimatdorf zurück. Mit seinen Ersparnissen kaufte er die »Alte Post«, die einen neuen Besitzer suchte. Anfänglich waren die Dorfbewohner noch recht zurückhaltend. Mit der Zeit aber leuchtete es ihnen ein, dass der neue Wirt eigentlich einer der ihren war, und bald lauschten die Einkehrenden vergnügt den abenteuerlichen Erzählungen des Rominger-Hannes, der die weite Welt kennen gelernt hatte.

Er war nach endlosen Seereisen im ukrainischen Seehafen Sewastopol auf der Halbinsel Krim gelandet. Das wäre für einen Seemann nicht gerade verwunderlich gewesen, aber den Hannes hatte es gepackt. Eine einheimische Schönheit hatte ihn umgarnt und einige Jahre, wunderschöne Jahre, wie er betonte, dort festgehalten.

Doch mit zunehmendem Alter schwand die Liebe, und das Heimweh wurde größer und größer. Das unstete Seemannsleben trieb ihn plötzlich aus Sewastopol fort, zurück in das Land seiner Vorfahren.

Das war ein Riesenereignis für die Bauern des Dorfes und der Umgebung! Kaum einer hatte damit gerechnet, den Rominger-Hannes jemals wiederzusehen. Jetzt war er plötzlich wieder da und wusste über die weite Welt viel zu erzählen! War das nicht ein Grund, seinen Geschichten zu lauschen, an manchen Abenden bis in die Nacht hinein? Dann nämlich zog der Hannes zu später Stunde sein Schifferklavier unter der Bank hervor und stimmte seine Seemannslieder an. Und wenn er melancholisch wurde, sang er das Lied vom Mädchen mit den schwarzen Augen auf Russisch. Dabei schimmerten seine Augen feucht. Sollte er vielleicht an eine große, ferne Liebe denken?

Jäger, Fischer und ...

Im »Hirschen« hing ein vielsagendes Schild über dem Stammtisch. »Hier verkehren nur Jäger, Fischer und sonstige Lügner«, war darauf zu lesen. Der Sinn erschien mir lange schleierhaft, doch mit der Zeit lernte ich meine »Pappenheimer« kennen, und mir sollte bald ein Licht nach dem anderen aufgehen.

Wie oft berichtete ein Petrijünger von einem erfolgreichen Fischfang in der nahen Donau und ließ das dankbare Publikum über die Größe der Beute nur so staunen. Der Abstand der ausgebreiteten Hände wurde immer weiter, je länger die Erzählung dauerte und je kräftiger das Bier dabei floss.

Da wollten sich die Waidmänner natürlich nicht lumpen lassen, und manch einer steuerte eine Geschichte bei, die einem Münchhausen zur Ehre gereicht hätte. Besonders tat sich da der Sattler hervor, der ein leidenschaftlicher Jäger war und so spannend von seinen Erlebnissen im Wald zu erzählen wusste, dass mancher Zuhörer oft nicht Dichtung und Wahrheit unterscheiden konnte.

Wenn der Sattler in seinem Element war, konnte er von seltsamen Tieren berichten, die trotz intensiven Suchens in keinem Tierbuch zu finden waren. Sie sollten hasengroß sein mit einem hirschähnlichen Geweih auf dem Kopf, und die größte Schwierigkeit dabei sei, dass man sie nur bei Vollmond mit einem Sack fangen könne. Die Zuhörenden hingen gespannt an den Lippen des Erzählenden, und manch ahnungsloser Städtler hielt diese Fabeln bestimmt für bare Münze, wenn er es auch nicht zugegeben hätte.

Den Vogel schoss der »dichtende« Waidmann aber ab, als er von einem ganz gewitzten Mümmelmann zu berichten wusste.

»Neulich bekam ich einen Hasen vor meine Flinte«, erzählte er. »Ich schoss. Das Tier schlug ein paar Purzelbäume und blieb liegen.«

Das ist doch nichts Besonderes, dachte sich manch einer der Umsitzenden insgeheim. Doch dann ließ der Sattler die Katze aus dem Sack.

»Stellt euch vor«, fuhr er in seiner Erzählung fort, »wie ich mich der erlegten Beute nähern will, steht der Hase auf, greift nach einem Stein und wirft ihn nach mir. Ich konnte mich gerade noch rechtzeitig ducken, sonst hätte er mich getroffen.«

Die Zuhörer hatten im Verlauf der Geschichte ihren Mund immer weiter aufgesperrt und hätten die Sache vielleicht gar noch geglaubt, wenn sich am Ende im Gesicht des Sattlers nicht ein verdächtiges Grinsen breitgemacht hätte.

Der Emil-Vetter

Es war Tag für Tag zu spüren. Das Leben der Bauern in der Gegend war hart und mühsam. Der Boden gab nicht viel her, und im Herbst lagen oft mehr Steine auf dem Feld als Kartoffeln. Aber zu feiern verstanden die Leute trotzdem. Viele Dorfwirtschaften hatten noch einen Saal, in dem es des Öfteren hoch herging, manchmal bis in die frühen Morgenstunden hinein. Anlässe gab es genug. Und bei keinem durfte der Emil-Vetter fehlen, der ein bäuerliches Anwesen neben der Schule besaß. Ob zu Fuß oder mit dem Fahrrad, er erschien bei jeder halbwegs öffentlichen Feier und setzte sich wie selbstverständlich an den gedeckten Tisch, was ihm schließlich den verwandtschaftlich klingenden Spitznamen eingebracht hatte.

Mit der Zeit war er in der ganzen Gegend bekannt; und ohne den Emil-Vetter wäre ein Hochzeitsmahl, ein Taufessen oder ein Leichenschmaus kaum vorstellbar gewesen. Er war zwar klein von Statur und eher etwas unscheinbar, aber dafür ein wortgewandter Erzähler und Unterhalter. Und wenn er nach dem reichlichen Mahl seine Viertele Rotwein schlotzte und dabei genüsslich die Asche an der Zigarre wachsen ließ, war seine Welt in Ordnung, und ein verschmitztes Lächeln breitete sich über sein Gesicht aus.

Seine Lena daheim hätte ihm was gehustet, wenn sie ihn so »nichtsnutzig« herumsitzen gesehen hätte, denn mit ihr war nicht gut Kirschen essen. Sie kannte nur die Arbeit, alles andere war für sie unnütze Zeitverschwendung. Und ein philosophierender Bauer war für sie gar der Gipfel des Unverstandes!

»'s Schaffe hot der net erfunde!«, erzählte sie jedem, der es hören wollte.

Aber das kümmerte den Emil-Vetter wenig. Sollte sie doch daheim das Regiment führen, hier war er der König! Je weiter der Uhrzeiger vorrückte, desto gesprächiger wurde er. Und als zweiter Tenor des Männergesangvereins durfte auch das Singen nicht zu kurz kommen.

»Emil-Vetter, das Lied von der Luftmaschee!«, rief bald der eine oder andere.

Doch der Angesprochene wartete geduldig, bis fast die ganze Gesellschaft in die Bitte einstimmte. Dann legte er gemütlich die Zigarre in den Aschenbecher, nahm einen kräftigen Schluck aus dem Weinglas, erhob sich vom Stuhl und begann seine Strophen zu singen:

»O je Luftmaschee, all mei Geld isch sauber hee ...«

Dann nahm er seine Stimme etwas zurück und sang:

»All mei Äcker und Wiesle send der Hals 'nabgrieslet ...« und wieder lauter: »O je Luftmaschee, all mei Geld isch hee!«

Und den Refrain trällerte die muntere Gästeschar fröhlich mit, bis alle Strophen gesungen waren. Ja, was wäre ein Fest ohne den Emil-Vetter gewesen! Dass die Äcker und Wiesen tatsächlich den Hals hinabrieselten, wäre schier unmöglich gewesen, denn wenn es ans Zahlen ging, hielt sich der Emil-Vetter höflich zurück.

Schließlich war er doch eingeladen.

Die Buckmaier-Paula

Bei reichen Leuten lernt man das Sparen! Dass diese weit verbreitete Lebensweisheit überall im Dorf bekannt wurde, dafür hatte die Buckmaier-Paula gesorgt. Als Mitbesitzerin der Kronenbrauerei fehlte es ihr weder am beliebten Gerstensaft noch am notwendigen Geld. Aber knausrig war sie, das wussten auch die Schulkinder im Ort. Besonders in der Zeit der Apfelernte gingen sie ihr aus dem Weg, um nicht zum Obstauflesen angeheuert zu werden. Mehr als ein Zehnpfennigstück für die mühselige Arbeit sprang dabei nicht heraus. Und was gab es schon für einen Groschen zu kaufen?

Auch bei den erwachsenen Dorfbewohnern ließ die Buckmaier-Paula keine Gelegenheit aus, sich unbeliebt zu machen. Wehe den Armen, die im Lebensmittelladen oder in der fahrbaren Zweigstelle eines Geldinstituts nach ihr an der Reihe waren! Sie mussten ein großes Paket Geduld in der Tasche haben. Die Paula ließ sich Ware um Ware, Silbermünze um Silbermünze zeigen, um dann doch fast nichts zu kaufen. Auch hatte sie einen seltsamen Tick: Sie nahm nur ganz neue, glatte Geldscheine entgegen. Und gab es trotzdem mal eine zerknitterte Stelle, flugs wurde das Papier daheim glattgebügelt!

Eine Schönheit war sie gerade nicht, die Buckmaier-Paula. Die dürre Gestalt und ihre etwas verschobenen Gesichtszüge machten ihre geizige Art nicht unbedingt erträglicher. Und manch einer war sich nicht ganz klar darüber, ob er ihren angetrauten Leopold bewundern oder bedauern sollte, dass er es ein Leben lang mit dem Drachen ausgehalten hatte. Vielleicht lag es daran, dass er von Beruf Revierförster war und die meiste Zeit über in den Wald flüchten konnte, um dort seine Ruhe zu finden?

Denn sonst hatte der arme Mann wenig zu lachen. Das altertümliche Auto, ein NSU-Fiat, durfte er nur selten fahren, es könnte ja abgenutzt werden, wozu hatte der Mann auch Füße! Und sich per Anhalter mitnehmen zu lassen, war ebenfalls billiger, zumal wenn man dafür nichts ausgab.

Ihr Geiz trieb seltsame Blüten. Als sie mit dem örtlichen Frauenverein unterwegs war, ließ die Buckmaier-Paula in einem Gasthaus das reichlich garnierte Wurstbrot zurückgehen, denn den »Firlefanz«, wie sie sich ausdrückte, hatte sie weder bestellt noch war sie gewillt, die Garnierung zu bezahlen.

Ein anderes Mal verlangte sie für ihren mitgereisten Mann nur ein leeres Gedeck. Wie einem Hund warf sie ihm ab und zu einen Brocken von ihrem Essen hin, den der Leopold dankbar schlucken durfte. Das asketische Leben schien aber beiden gut zu bekommen. Jedenfalls wurden sie alt dabei. Doch eine ewige Lebensversicherung hat auch der Reichste nicht, und so kam es, dass der arme Leopold eines Morgens tot im Bett lag.

»Jetzt hat er ausgelitten!«, flüsterten sich die Leute zu, als die Kunde im Dorf die Runde machte.

Doch weit gefehlt! Die Beerdigung des geliebten Gemahls sollte dem Lebenswerk der Buckmaier-Paula die Krone aufsetzen. Die Männer des Bestattungsunternehmens staunten nicht schlecht, als sie oben auf der Bühne des Trauerhauses aus dem Gerümpel einen alten Sarg hervorholen mussten, den die Paula einmal als Sonderangebot erstanden hatte. Er war zwar etwas zu klein für den Toten, dennoch wurde er mühsam in die Bretterkiste hineingezwängt.

»Der merkt doch eh nichts mehr!«, meinte die Buckmaier-Paula.

Und als die Herren in Schwarz sie etwas seltsam ansahen, fügte sie schnippisch hinzu: »Oder?«, ging in die Küche und genehmigte sich ein Bier.

Ein »Prost Leopold!« verkniff sie sich dabei.

Der sonderbare Stallhase

Nicht jeder im Ort hatte das Glück, Bauer zu sein oder einen ehrbaren Handwerkerberuf ausüben zu können. Am Rande des Dorfes wohnten auch ein paar arme Burschen, die sich als Taglöhner mehr schlecht als recht ihr Brot verdienten.

Einer von ihnen war der Fischer-Manne, der Tag für Tag einige Kilometer mit seinem altertümlichen Drahtesel abstrampeln musste, um sich bei einer Baufirma ein paar Mark zu verdienen, damit er seine sechsköpfige Familie einigermaßen über Wasser halten konnte. Seine angetraute Theres hatte das Schaffen nicht gerade erfunden. Sie frönte lieber dem dörflichen Klatsch und Tratsch und ließ das traute Heim mehr und mehr verkommen. Von Sauberkeit hielt sie nicht gerade viel. Das galt sowohl für ihre Person als auch für den Haushalt, den sie zu betreuen hatte.

Der örtliche Postler verschmähte bald das ihm angebotene Glas Most, nicht weil er plötzlich keinen Durst mehr hatte, der Anblick des Glases schien ihn jedes Mal den Durst vergessen zu lassen. So viel Dreck konnte nicht einmal der Alkoholgehalt des Mostes desinfizieren!

Der Fischer-Manne war also von Hause aus manchen Kummer gewohnt, zumal die Kinder in der Schule auch nicht gerade Leuchten waren. So konzentrierte sich seine ganze Aufmerksamkeit auf einen Stallhasen, den er wie seinen Augapfel hütete. Jede freie Minute saß er vor dem Hasenstall, um seinen Liebling zu bewundern.

»Du wirst einen leckeren Braten abgeben!«, freute er sich jedes Mal insgeheim.

Auch auf der Baustelle hatte er kein anderes Thema. Er schwärmte nur von seinem Hasen, der sein Leben bedeutete, aber nur als Hasenbraten, wohl verstanden!

»Da sind wir doch eingeladen?«, fragten ihn die Arbeitskollegen und waren sich ganz sicher. Die köstliche Mahlzeit würden sie sich nicht entgehen lassen!

»Den fress' i selber!«, sagte der Fischer-Manne eiskalt und strich sich dabei genüsslich über seinen nicht vorhandenen Bauch.

Doch er hatte die Rechnung ohne den Wirt, in diesem Fall ohne seine Kollegen gemacht, die es gewaltig wurmte, zu dem köstlichen Hasenbraten keine Einladung zu bekommen. Und so kam, was kommen musste! Eines Tages entführten sie den gemästeten Hasen aus dem Stall, zogen ihm das Fell über die Ohren und bereiteten ein köstliches Mahl, zu dem sie den Fischer-Manne auch noch einluden. Wenn dieser geahnt hätte, was er da verspeiste, es hätte ihm sicher nicht so vortrefflich gemundet. Das Fell aber hatten die Kameraden wohlweislich ausgestopft und den Hasen anschließend in den angestammten Stall zurückgesetzt. Nach den üblichen Gläsern Bier würde der Besitzer sicherlich nichts merken.

Und so war es auch. Nichts ahnend suchte der Fischer-Manne nach Feierabend das saftigste Hasenfutter an den Feldrainen, damit sein Liebling ja keine Not litt. Doch das geliebte Tier wollte und wollte auf einmal nicht mehr fressen.

»Seltsam, seltsam!«, dachte sich der Fischer-Manne Tag für Tag.

Doch mit der Zeit kamen ihm mehr und mehr Bedenken.

»Einen Tierarzt kann ich mir nicht leisten!«, sagte sich der Manne und beschloss schweren Herzens, den Hasen zu schlachten.

Doch wie groß war seine Verwunderung, als er das Nagetier im Genick packte und aus dem Stall zog! Jetzt ging dem geplagten Manne ein Licht ums andere auf.

»Ihr Sternsieche, ihr verreckte!«, entfuhr es ihm.

Wie sollte er aber den entgangenen Hasenbraten seiner Theres schmackhaft machen? Sie würde die Geschichte nicht so ohne weiteres schlucken. Er war schon ein armer Tropf, der Fischer-Manne!

Don Camillo und Peppone

Auch in einem kleinen Ort auf dem Heuberg war Politik kein Fremdwort. Doch blieben die praktischen Entscheidungen das ganze Jahr über mehr oder weniger auf die örtlichen Gegebenheiten beschränkt. Ab und zu aber erfasste bei überregionalen Wahlen die Bürger der kleinen Gemeinde das Wahlfieber und vermittelte für Stunden ein Gefühl der Weltoffenheit. Abgeordnete der politischen Parteien verirrten sich in die beschauliche Gegend und hielten in einem der örtlichen Gasthäuser Hof. Die jeweils geneigten Freunde gaben sich dort ein Stelldichein und bekamen einen Einblick in das politische Geschehen, je nach Farbe der jeweiligen Gesinnung.

Für den sonst so friedlichen Ort war das nicht unbedingt von Nutzen, so sehr die Politiker dies auch weiszumachen versuchten. Ansonsten war doch der klare Menschenverstand vorherrschend gewesen, wenn auch nicht unbedingt objektiv, doch immer einer persönlichen Überzeugung entsprechend. Damit hatte man seit jeher die besten Erfahrungen gemacht!

Doch eines Tages war es mit der dörflichen Beschaulichkeit vorbei. Wahlmanager hatten plötzlich ein neues Betätigungsfeld gefunden. Die Ortschaft, überwiegend katholisch, wurde als erzkonservativ und christlich eingestuft. Im Gasthaus »Felsen« fand eine Informationsveranstaltung statt, zu der alle Bürger des Ortes eingeladen wurden. Eine örtliche Parteigruppe sollte gebildet werden.

Einige kamen auch tatsächlich. Die wohlwollenden Worte über das Dorf und seine Bewohner waren von den Geladenen ja noch zu verkraften, doch als es an die notwendigen Einschreibungen und Wahlen ging, war die Begeisterung weniger groß.

»Bisher haben wir das auch ohne Parteien geschafft!«, sagten sich die meisten.

»Mit einer Partei haben wir einen Fürsprecher für unsere Anliegen!«, beschworen die anderen.

Immerhin reichte es gerade zur Gründung einer eigenen Ortspartei, wozu ja sieben Mitglieder ausreichend sind. Die Versammlung fand jedenfalls ein gutes Ende, der politische Friede kehrte bald wieder ein, doch nur bis zur nächsten Wahl.

Jetzt zeigten sich die Früchte der Politisierung des Ortes. Mein Oberlehrer, inzwischen Vorsitzender der gängigen Partei geworden, hatte natürlich nur das Wohl der von ihm vertretenen Gruppierung im Sinn und klebte guten Gewissens deren Wahlplakate überall hin, wo er glaubte, dass sie wahrgenommen werden könnten. Ich aber vertrat nicht ganz die politische Auffassung meines Chefs. Um das in meinen Augen unabwendbare Unheil vom geliebten Dorf abzuwenden, klebte ich nun meinerseits die Plakate meiner Wahl daneben. Es war schon ein eigenartiges Spektakel, als manche Abende die beiden Herren Lehrer am Werke waren, Unheil vom Ort abzuwenden und die Wände mit den Köpfen der jeweiligen politischen Richtung zu verschönern. Jeder zum Wohl der Gemeinde, versteht sich!

War das nicht auch schon so bei Don Camillo und Peppone?

Hinaus in die Pampa

Das Schulhaus stammte aus dem Jahr 1835 und war damals ein stattlicher Bau gewesen, der bald auch mit einer Zentralheizung ausgestattet wurde und in der ganzen Gegend seinesgleichen suchte. Jetzt war das Haus alt und baufällig geworden, beherbergte aber noch im unteren Stock die drei Zimmer der kombinierten Klassen eins und zwei, drei und vier und fünf bis acht. Im oberen Stockwerk waren das Rathaus und die Oberlehrerwohnung untergebracht. Der Wind pfiff durch die Mauerritzen. Hin und wieder brach eine Bodendiele, und manchmal spazierte ein Mäuslein durchs Zimmer und suchte nach einem leckeren Pausenvesper. Das war jedes Mal ein Hallo, bis das liebe Tierchen vertrieben war!

Ein neuer Schulanbau und ein großzügiger Umbau des alten Gebäudes sollten Abhilfe schaffen. Aber bis es so weit war, brachten wir schlimme Monate hinter uns. Zwei Jahre hausten wir ohne Wasser, es musste in Eimern aus dem Nachbarhaus herbeigeschleppt werden. Eines Morgens schickte ich die Kinder in die Pause. Aufgeregt kamen sie bald wieder hereingerannt.

»Das Klo ist weg, die reißen das Klo ab!«, riefen sie durcheinander.

Ungläubig eilte ich hinters Haus.

»Heiliger Strohsack, das gibt's doch nicht!«, entfuhr es mir.

Tatsächlich waren Arbeiter gerade dabei, die Reste des ehemaligen Häuschens abzutragen. Gewiss, es mag kein Schmuckstück mehr gewesen sein, aber immerhin erfüllte es seinen Zweck. Ich sauste die Treppe hoch zum Bürgermeister. Der konnte auch nicht helfen, denn die Pinkelstube musste wohl oder übel dem geplanten Anbau weichen. So schwärmten die Schüler in den Pausen hinaus und verrichteten ihr Geschäft in der Pampa. Niemand störte sich daran.

Das Attentat

Das Schulgebäude lag auf felsigem Grund, und so mussten für das Fundament des Neubaus Sprengungen vorgenommen werden. Der Sprengmeister klärte uns auf, dass eine Evakuierung der Schüler nicht notwendig sei, dass wir uns aber jedes Mal unter die Schulbänke ducken sollten, wenn die Fanfare ertönte. Das war ein Unterricht! Aufpassen tat keiner mehr, jeder wartete auf ein langgezogenes »Tuuut« und alles sprang unter die Bänke, den ganzen Vormittag über. Ich meinte, wir wären im Krieg.

Als ich glaubte, dass wir das Schlimmste überstanden hätten, schlug das Schicksal erneut zu. Schon am nächsten Morgen rumpelte und klopfte es seit geraumer Zeit verdächtig. Ich schrieb gerade ein paar Merksätze an die Tafel, als es einen Schlag tat. Instinktiv sprang ich mit einem gewaltigen Satz zurück. Da sauste auch schon ein erster Mauerstein herab, der mich hätte erschlagen können. Ich blickte nach oben. In einem riesigen Loch der Mauer erschien das verdutzte Gesicht eines Maurers.

»Entschuldigung«, lachte er jetzt, als er mein totenbleiches Gesicht sah, »das war nicht beabsichtigt!«

»Kann vorkommen«, versuchte ich meinen Humor wiederzufinden, »kann vorkommen!«

Aber insgeheim musste ich noch kräftig schlucken. Dem Attentat war ich nur knapp entkommen!

Aber ein zweiter Versuch lauerte bereits auf das Opfer. Immer noch waren Handwerker im Schulgebäude. Dieses Mal waren Gipser im Hausgang am Werk. In den Pausen schaute ich stets als Erster aus der Tür, ob die Luft rein war und die Kinder raus konnten.

Wieder einmal öffnete ich wie gewohnt die Tür, da passierte es. Auf dem Gerüst kippte ein Eimer um und eine Ladung Gips ergoss sich über meine blaue Sommerjacke. Da hatte ich die Bescherung. Die Gipser feixten, als sie den Herrn Lehrer ganz in Weiß erblickten.

Endlich sah er mal nach Arbeit aus!

Wer rattert so spät ...

Mit der Zeit konnte ich mir mein erstes eigenes Auto leisten. Es war zwar bereits sechs Jahre alt, aber für mich war es ein toller Schlitten, mit dem ich jetzt die Gegend unsicher machen konnte. Dabei ging nicht immer alles glatt.

Auf der Heimfahrt von einer Hochzeit in einer benachbarten Ortschaft pfiff der Wind eisig über die Heuberghöhen. Es war eine vor Kälte klirrende Januarnacht. Der Frost ließ den heißen Atem zu Eis erstarren, das sich als dicke, undurchsichtige Schicht an den Scheiben innen im Auto niederschlug. Die beiden Beifahrerinnen auf der Vorderbank kratzten, was das Zeug hergab, um die Sicht zu verbessern, aber ich musste beim Fahren meine ganzen Sinne zusammennehmen, um die einsame, schmale Straße im Visier zu behalten.

Dennoch erreichten wir glücklich unseren Heimatort wieder. Erleichtert atmeten wir auf, doch der Schrecken sollte mir bald noch in die Glieder fahren.

Als Kavalier der alten Schule lud ich jeden Fahrgast direkt vor seiner Haustür aus. An der vorletzten Station wäre es dann fast passiert. Elegant drehte ich im Hof eine Runde. Da die Sicht aus dem Seitenfenster durch eine dicke Eisschicht verwehrt war, sah ich das Hindernis nicht. Plötzlich krachte etwas gegen die Fahrertür. Erschrocken hielt ich an. Da durchdrang ein fürchterlicher Schrei die nächtliche Stille.

»Um Gottes willen, fahr weiter, sonst bricht die Dunggrube durch!«, lärmte die gerade ausgestiegene Haustochter.

»Jesses, Maria!«, durchfuhr es mich, »nur weg von diesem unheimlichen Ort!«

Doch das blieb nicht die einzige Schramme, die meine Benzinkutsche in der Junggesellenzeit abbekam. Wieder einmal war ein Jahrgänger in den Hafen der Ehe eingelaufen, und wir hatten diesen Festtag als gute Kameraden tüchtig mitbegossen. Zu vorgerückter Stunde kam eine Altersgenossin plötzlich auf die Idee, bei ihr zu Hause noch den neuen Most und einen frisch gebackenen Zwiebelkuchen zu probieren, was wir uns natürlich nicht zweimal sagen ließen. Und wie das schmeckte! Es tagte fast der Sonntagmorgen, als wir das gemütliche Haus verließen.

Ich hatte vielleicht noch fünfzig Meter weit bis zu meiner Unterkunft, gewiss keine Langlaufstrecke. Aber das Auto wollte auch heim. Ich konnte es doch nicht allein zurücklassen. Wie hätte das auch ausgesehen: Des Lehrers Auto am Morgen vor einem fremden Haus, in dem auch noch eine gleichaltrige Tochter wohnte! Also musste es mit. Beschwingt wie ich war, setzte ich mich hinein. Erst den Rückwärtsgang: Bums, das war die Gartenmauer! Wo kam denn so plötzlich der Nebel her? Schnell den Vorwärtsgang rein: Bums, das war die Mistgrube! Endlich freie Fahrt. Aber was war das? Welch seltsam schnarrenden Töne entlockte ich da meinem Gefährt? Nichts wie heim, dachte ich. Blinker links, Blinker rechts, dann war es geschafft! Zufrieden legte ich mich ins

Bett, die letzten Stündlein bis zum Morgenläuten noch sinnvoll zu nutzen.

Just in jenen Tagen waren meine Eltern zu Besuch da. Sie schliefen in einem anderen Gemach meiner Zimmerwirtin. Beim Morgenkaffee blickten sie auf meine Frage, wie sie denn geschlafen hätten, etwas seltsam drein.

»Recht ordentlich«, brummte mein Vater, bis Mama ein bisschen ärgerlich hinzufügte: »Ich möchte bloß wissen, wer da morgens um halb vier mit dem Traktor solchen Lärm gemacht hat. Keine Sonntagsruhe mehr, diese Bauern heutzutage!«

Ich allein wusste, wer dieser Bauer war, und den Traktor kannte ich auch ganz gut. Aber ich behielt diese Weisheit für mich.

Liebestöter und zwei Eier

In den Schriften des Pädagogen Adolf Diesterweg (1790 bis 1866) ist zu lesen: »Setzet den Lehrern der Jugend des Volkes eine reichliche Nahrung auf den Tisch, frisches Fleisch zum Mittag und des Sonntags ein Huhn im Topf oder einen Braten mit Backobst ... und ihr werdet sehen, nicht bloß die Lehrer gedeihen besser, ... sondern auch die Erziehung und die Lehre gedeihen besser.«

Daran müssen auch die Bauern auf dem Heuberg gedacht haben, wenn Schlachttag war. So manche »Metzelsupp« wurde noch ins Schulhaus getragen. Den Lehrern ging es zwar besser als zu Diesterwegs Zeiten, aber der Herr Lehrer und der Hochwürdige Herr Pfarrer galten schon noch etwas bei den Leuten. Der Bürgermeister auch, aber der bekam nichts ab, der schlachtete selber. Beamtenbestechung? Diese Ansicht wäre damals niemandem in den Sinn gekommen. Eine Metzelsuppe abzuschlagen, das wäre eine Beleidigung gewesen. Und schließlich wurde die gute Gabe ja auch der Frau Lehrer gebracht, die dann oft ein paar Geldstücke in die Schüssel legte.

Aber die Geschichte mit den Eiern, die mir eine wohlbeleibte Bäuerin eines Tages zusteckte, ist einmalig:

Als ich eines Morgens den Blick über die Häupter meiner anvertrauten Schäfchen schweifen ließ, fiel mir auf, dass ein Platz leer war. Der Franz fehlte.

»Er ist gestern mit dem Fahrrad verunglückt«, belehrten mich die Kinder, als es auch schon an die Tür klopfte.

Ich öffnete. Im Türrahmen erschien ein Frauenzimmer von stattlichem Umfang, Franzens Mutter.

»Grüß Gott, Herr Lehrer!«, trompetete sie los, um dann zur Sache zu kommen.

Sie wollte ihren Franz entschuldigen, der durch den Unfall mit dem Fahrrad jetzt furchtbare Schmerzen hätte und zwar am Oberschenkel.

»Gucket Se, Herr Lehrer, do, an der Schtell!«, ereiferte sie sich, indem sie ihren Rock lüpfte und an den Liebestötern herumfuchtelte, um mir die schmerzhafte Stelle ihres Sohnes plastisch vor Augen zu führen.

Ich musste ganz verdattert dreingeschaut haben, denn plötzlich griff sie in die Tasche ihrer nicht ganz frischen Schürze, zauberte zwei Eier hervor und streckte sie mir hin.

»Nehmet Se, Herr Lehrer, und nix für ungut!«, sprachs, ließ die Eier in meine Hände gleiten und rauschte davon.

Was sollte ich anders? Die Entschuldigung musste wohl angenommen werden. So waren halt die Zeiten!

Sirenenalarm

Fremde hatten es früher als »Reingeschmeckte« nicht einfach in einem ländlichen Ort. Geduldet waren höchstens Pfarrer und Lehrer aus anderen Ortschaften, doch schon der Freier eines einheimischen Mädchens musste erst einmal Prügel von der örtlichen Burschenschaft beziehen, ehe er an eine Einheirat ins Dorf denken konnte.

Der Wandel kam nach dem Krieg. Flüchtlinge wurden einquartiert, die als Tagelöhner bei den ansässigen Bauern arbeiteten. Geblieben sind freilich wenige, kaum ein Landwirt gab ein steiniges Äckerchen oder eine karge Wiese als Bauland her. Später kamen, wie überall, Ausländer ins Dorf, anfangs misstrauisch beäugt, dann als willkommene Mieter in eine halb verfallene Hütte aufgenommen, sozusagen als Nebenerwerb.

Aus solch einer zugezogenen Familie kamen einmal zwei hübsche Italienerinnen, Anna und Elisa, in meine Klasse. Keines Wortes der deutschen Sprache mächtig, war die Verständigung anfangs recht schwierig. So kaufte ich mir ein Wörterbuch, um den armen Wesen wenigstens ab und zu am Morgen einige heimatlich klingende Worte zu bieten, die sie mit dankbarem Lächeln entgegennahmen. An manchen Tagen aber stand Anna, die ältere Schwester, einfach auf, packte ihr Bündel, und mit einem blitzenden »a casa« schnappte die Tür hinter ihr zu. Eifrig in meinem Wörterbuch blätternd, wusste ich bald, dass sie einfach genug hatte und nach Hause wollte.

Zum Bürgermeister dagegen schien eine ihrer Landmänninnen zu wollen, wahrscheinlich um wieder einmal ein notwendiges Formular auszufüllen. Doch die Tür zur Amtsstube war verschlossen. Klingeln hieß die Devise, und so drückte die Unglückselige auf den Knopf neben der Rathaustür. Plötzlich ging die Sirene los. Wie ein aufgescheuchtes Reh flüchtete die junge Frau hinter einen Holzstoß. Und dort saß sie auch noch, als die Feuerwehr anrückte und sie nach langem Suchen, am ganzen Körper zitternd, schließlich ausfindig machte.

Die Schuldfrage wurde nie geklärt. Es stellte sich nämlich heraus, dass keine Glasscheibe den Knopf geschützt hatte, wie vorgeschrieben war. Wozu sollte man auch eine Scheibe anbringen, wenn sie bei Gefahr doch eingeschlagen wurde? Jedenfalls konnten die Feuerwehrmänner noch einen Brand löschen, ein Wirthaus war Gott sei Dank in der Nähe!

Von blöden und gescheiten Hunden

Manchmal regen sich Lehrer furchtbar auf, wenn sie einen Schüler ertappen, der nicht aufpasst, dessen Gedanken überall sind, nur nicht beim Unterrichtsthema. Dabei kommt es doch vor, dass auch die Gedanken eines Lehrers ab und zu spazieren gehen, irgendwohin, und seine Augen wandern hinterher.

Bei solch einer Gelegenheit wurde ich einmal Zeuge eines lustigen Spektakels.

Ich sah, wie ein Hund wie besessen um das Nachbarhaus sauste, um nach jeder Runde laut bellend an den Hasenställen hochzuspringen. Ohne Erfolg! Natürlich waren sie zu hoch für ihn. Dann begann sein irrsinniger Rundlauf von neuem. Die Sache musste ich mir genauer ansehen. Bald entdeckte ich die Ursache der seltsamen Hetzjagd.

Auf den Hasenställen saß, sich behaglich in der warmen Sonne räkelnd, eine Katze. Wieder kam der Köter um die Ecke gerannt, erneut sprang er vergeblich an den Käfigen hoch, die Katze störte das nicht. Sie war sich ihrer sicheren Position bewusst.

Doch als der Hund zum soundsovielten Male seine Runde drehte und ihm die Zunge allmählich aus der Schnauze baumelte, wurde der Katze das Spiel zu langweilig. Mit einem Satz sprang sie von ihrem Logenplatz hinunter und verschwand lautlos im nahen Garten. Der Hund schien das aber nicht mitbekommen zu haben, denn er japste weiterhin seine gewohnte Rennbahn entlang.

Immerhin dämmerte mir dabei, wie das Schimpfwort »blöder Hund« entstanden sein könnte. Aber auch der Mensch läuft ja oft vergebens einer Sache hinterher.

Da war der Hund des Tierarztes aus einem benachbarten Dorf schon ein anderer Kerl!

Treu begleitete er seinen Herrn auf den Fahrten übers Land, wenn es galt, das liebe Vieh der Bauern zu kurieren. Und da es neben den landwirtschaftlichen Gehöften auch noch etliche Wirtshäuser auf der Strecke gab, wäre die abendliche Heimfahrt für den wackeren Doktor öfters zu einer unsicheren Angelegenheit geworden, wenn nicht der brave Hund die Lotsenfunktion übernommen hätte. Wachsam saß er neben dem Chauffeur, der mit seinem wackeligen Gefährt durch den Nebel stocherte, und schubste den geliebten Herrn jedes Mal kräftig mit dem Kopf, wenn dieser einzuschlummern drohte.

Ja, so schnell kann man auf den Hund kommen!

Auf Einbruchstour

Susi hieß das süße Geschöpf, das als winziges Wollknäuel in unser Haus gekommen war und sich zu einer prächtigen Katze entwickelt hatte. Wenn sie alleine in der Wohnung war, kuschelte sie sich in ihr molliges Plätzchen im Badezimmer.

Eines Tages waren wir bei einem Kollegen eingeladen. Und wie es der Zufall manchmal so will, meinte jeder, der andere hätte den Schlüssel eingesteckt, und so ließ man die Haustüre ahnungslos zuschnappen. Natürlich hatte keiner einen Schlüssel dabei. Aber das merkten wir erst bei der Heimkehr.

Nun war guter Rat teuer. Ein Erkundungsgang um das Haus brachte die Lösung. Das Badfenster war gekippt und machte so einen Einstieg möglich. Die Wohnung lag im Obergeschoss. Über das Schuldach konnte ich an das Fenster gelangen.

Jetzt schnell durch den offenen Spalt den Fenstergriff erreichen, den Hebel umdrehen, und der Einstieg war geschafft. So dachte ich, aber so einfach wurde es mir nicht gemacht. Jedes Mal, wenn ich meine Hand hineinzustrecken versuchte, bekam ich eine gewischt.

»Da ist doch wer in der Wohnung«, kam es mir in den Sinn.

Und richtig, blutige Kratzspuren zierten meine ganze Hand, und drinnen fauchte es immer gefährlicher. Jetzt kam die Erleuchtung. Das musste Susi sein.

»Susi«, rief ich, »ich bin's.«

Das Fauchen verwandelte sich in ein artiges Schnurren. Sie musste meine Stimme erkannt haben, und gefahrlos konnte ich jetzt mein Werk als Einbrecher vollenden.

Wie im Krieg

Das Haus neben der Schulwiese wurde aufgestockt, und so gab es bald eine neue Wohnung zu vermieten. Eine Familie aus der Stadt zog ein. Sie bestand aus einem Pharmazievertreter, seiner Frau, einem kleinen Mädchen mit einem süßen Wuschelkopf und allerlei Getier. Glanzpunkt des Privatzoos war ein Kolkrabe, ein wahrer Teufelsbraten!

Bei schönem Wetter saß er, an einer Kette angebunden, auf dem Balkongeländer und begeisterte die Umgebung mit seinen Kunststücken. Es gab kein Geräusch, das er nicht meisterhaft nachzuahmen verstand. Besonders täuschend echt äffte er das Bellen des Dackels nach, der meistens den Balkon mit ihm teilte. Man kann sich das Konzert vorstellen und sicher auch die Freude, die es in der Nachbarschaft auslöste!

Die Kette, die Jakob, so hieß der seltsame Geselle, festhalten sollte, musste wohl nicht von allerbester Qualität gewesen sein, denn oft gelang es ihm flugs zu entwischen. Dann war nichts mehr vor ihm sicher. Wehe der Wäsche, die an der Leine baumelte! Sie war ein bevorzugtes Angriffsziel für ihn. Und wehe den Schulkindern, die ihn zu gern ärgerten, wenn er oben auf dem Geländer saß! Jakob vergaß keinen Schabernack, und war er in Freiheit, ging es ans Heimzahlen.

Turnen auf der Schulwiese stand auf dem Stundenplan. Eifrig waren alle bei der Sache. Plötzlich verdunkelte ein verdächtiger Schatten den eitlen Sonnenschein. Ich wusste Bescheid.

»Alles hinlegen!«, konnte ich gerade noch brüllen, als das Unheil auch schon über uns hereinbrach.

Im Sturzflug sauste das schwarze Rabenungetüm auf uns herab. Es blieb uns nichts anderes übrig, als eine Bauchlandung nach der anderen zu vollführen, wollten wir den Schnabelhieben des Untiers entgehen.

Wie bei den Sprengungen beim Schulhausumbau fühlte ich mich wieder in Kriegszeiten versetzt. Und so war alles froh, als der unselige Tiefflieger abdrehte, sobald ihm das Spiel langweilig wurde.

Ein Hauch »Kölle«

Eine schöne Zeit erlebte ich als Krankheitsvertreter an einer benachbarten Schule, in der der Schulleiter eine echte Persönlichkeit war. Ich hatte ihn in meiner Ausbildungszeit bereits einmal kennen gelernt, als er noch Lehrer an einer einklassigen Zwergschule war und alle Kinder, vom ersten bis zum achten Schuljahr, in einem Raum unterrichtete. Souverän beherrschte er sein Metier, wie ein Dirigent sein Sinfonieorchester. Es war eine Augenweide, ihn in Aktion zu erleben.

Und es gab kaum eine Ausbildungsgruppe im Schulbezirk, die nicht in seiner Schulstube gesessen war.

Bei solchen Besuchen war auch immer seine Gattin anwesend, vor allem, wenn sie unter den Gästen eine junge, hübsche Lehrerin ausfindig machte. Eifersüchtig wachte sie dann über ihren Gatten, was zu manchem Schmunzeln Anlass gab. Aber sonst war sie eine lebenslustige Person. Sie kam aus der Kölner Gegend und hatte das Herz auf dem rechten Fleck. Er selbst war noch ein Lehrer wie aus dem Bilderbuch: Dirigent des Gesangvereins, Schriftführer im Sportverein, Wassermeister in Gemeindediensten, Organist in der Kirche und nebenbei ein Bastler und Tüftler.

Seine beste Erfindung war eine Vorrichtung, mit deren Hilfe er die Luke des Hennenstalls vom Schlafzimmer aus öffnete. So konnten die Hühner in der Frühe »automatisch« ins Freie flattern, ohne dass er einen Fuß vors Haus zu setzen brauchte.

Seine kleine Schule war der Schulreformeritis Anfang der siebziger Jahre zum Opfer gefallen. Als Trost für den Verlust seines »Reiches« hatte man ihn zum Rektor einer großen Schule in der Nachbarschaft ernannt, wohin ich eines Tages zur Aushilfe abgeordnet wurde.

Der Schulleiter hatte es verstanden, die familiäre Atmosphäre seiner Zwergschule in die größere Bildungsstätte hinüberzuretten. Das Miteinander wirkte sich auf das ganze Schulleben aus. So unternahm das Kollegium auch außerhalb der Unterrichtszeiten vieles gemeinsam: Wanderungen ins Donautal mit einem Rehessen im Jägerhaus, Spaziergänge zur Burg Wildenstein mit einem knusprigen Hähnchen als Abschluss, Preisschießen im Schützenhaus mit einem zünftigen Umtrunk, Waldläufe, Volleyball- und Fußballspiele.

Just in diese Zeit fiel auch das Schulfest, das bis in die Morgendämmerung hinein dauerte. Und wer tauchte dann mitten in der Nacht auf? Die gute Frau des Rektors, die erleichtert war, wenn sie ihren »Siechfried« wohlbehalten im Kreise seines Kollegiums antraf. Jetzt ging das Fest erst richtig los und endete erst, als sie mit ihrem Mann zusammen zweistimmig »Ich möcht zu Fuß nach Kölle john« anstimmte, wobei sie sich verstohlen ein paar Tränen der Rührung aus den Augen wischte.

Das Nikolausrennen

Ein paar Jahre waren ins Land gezogen. Auch ich hatte meine Siebensachen gepackt und war mit meiner Frau und den vier Kindern von den rauen Heuberghöhen ins Neckartal gezogen und Rektor einer kleinen Grundschule geworden. Fischingen hatte bis zur Kreisreform dem hohenzollerischen Landesteil angehört und war dann Teil von Sulz am Neckar geworden. Feste und Feiern gehörten natürlich nach wie vor zum Ablauf des Schuljahrs, wie zum Beispiel die jährliche Nikolausfeier, die im ersten Jahr aber unfreiwillig fast zum sportlichen Wettrennen ausartete.

Alles begann ganz programmgemäß. Die Viertklässler hatten am Vortag ihr Klassenzimmer festlich hergerichtet, vorweihnachtliche Motive an die Tafeln gemalt und den Raum mit Tannenreisig und Kerzen geschmückt. Nur der Christbaum fehlte noch. Das Forstamt hatte versprochen, rechtzeitig einen zu liefern. Das geschah auch, aber da nahm das Schicksal seinen Lauf.

Die Kleintierzüchter hatten in der Turnhalle eine Ausstellung veranstaltet und waren gerade bei den Aufräumungsarbeiten. Die Schaffwut musste sie gepackt haben, so gründlich taten sie ihr Werk. Auch unser Baum wurde versehentlich als Abfall betrachtet und landete im lodernden Feuer, das sie am Neckarufer entfacht hatten. Aber von alledem wusste ich nichts, die Forstleute hatten den Baum hingelegt, ohne etwas zu sagen.

Und so warteten wir immer noch auf unseren Weihnachtsbaum. Ich griff zum Telefonhörer, um zu reklamieren. Großes Erstaunen am anderen Ende der Leitung.

»Der müsste doch schon längst da sein!«, hieß es.

Dann Gemurmel im Hintergrund und: »Doch, der wurde geliefert!«

Ich verstand nichts mehr.

»Da ist aber keiner!«, blieb ich stur.

Neues Gemurmel, dann: »Aber er muss da sein, wir haben ihn im Schulhof abgeladen, da standen Tierkäfige an der Wand!«

Langsam beschlich mich eine böse Ahnung. Aber was half's? Ein neuer Baum musste her, egal wie. Das sagte ich meinem Gesprächspartner am Telefon. Es half. Der Baum wurde geliefert, eilends geschmückt, das Nikolauszimmer abgeschlossen.

Das war ein Fehler. Als ich eine halbe Stunde vor der Feier den Schlüssel ins Loch steckte, tat sich nichts. Die Tür ging nicht mehr auf.

Jetzt hieß es ruhig Blut zu bewahren; ein Schlosser musste her. Das Stadtbauamt war gefordert.

»Wir kümmern uns darum!«, lautete die lapidare Auskunft.

Inzwischen war der Nikolaus eingetroffen samt Knecht Ruprecht. Ich bat um Geduld. Neuer Anruf bei der Stadt.

»Der zuständige Mann ist unterwegs«, vertröstete man mich.

Der Uhrzeiger rückte unbarmherzig vorwärts. Die Kinder wurden langsam unruhig.

»Wann geht's denn endlich los?«, fragten sie andauernd.

Sollten wir in ein ungeschmücktes Zimmer ausweichen? Die Viertklässler wären enttäuscht gewesen, sie hatten sich wirklich viel Mühe gegeben. Da kam die rettende Idee. Das Klassenzimmer hatte noch einen Eingang von der Außenwand her.

Alles stürmte hinaus und von außen ins Zimmer hinein, der Nikolaus samt Ruprecht feierlich hinterher. Aber wo blieb der Schlosser?

»Er wird auf einer Baustelle gesucht«, hieß es hoffnungsvoll.

Ich richtete einen Pendelverkehr zwischen Telefon im Lehrerzimmer und Klassenraum mit Nikolaus ein. Plötzlich merkte ich, dass auch die Brotmänner für die Kinder noch nicht da waren. Wo blieb der Bäcker?

Ein neuerliches Rennen. Gut, dass die Schule abseits lag. Ein stiller Betrachter hätte sich wahrscheinlich gewundert, warum der Schulleiter den ganzen Morgen ums Schulhaus wetzte.

Gegen Ende der Vorstellung kamen Bäcker und Schlosser. Gott sei Dank! Die Brotmänner konnten noch – ofenfrisch – verteilt werden, und der Nikolaus stolzierte durch den regulären Ausgang aus der Versammlung.

Der Schulleiter aber wischte sich verstohlen die Schweißperlen von der Stirn. Diesen Nikolaustag würde er nicht so schnell vergessen!

Quo vadis?

Der Musikverein feierte Jubiläum. Ein Festzelt auf dem Platz hinter dem Feuerwehrgerätehaus sollte die Besuchermassen aus nah und fern aufnehmen. Zum Festzug reisten zahlreiche Gastvereine an, denen jeweils ein Mädchen oder Knabe zugeteilt wurde, die mittels einer Tafel den Zuschauern kundtun sollten, welcher Verein beim Festzug hinter ihnen hermarschierte.

So stand auch Robert, ein Sohn des Lehrers, mit seinem Täfelchen vor dem Konsum und wartete auf den Bus mit »seinem« Verein, der aus Stetten am kalten Markt kommen sollte. Und siehe da! Der Bus fuhr heran. Die ersten Leute stiegen aus und gingen langsam Richtung Kirche. Und da Robert pflichtbewusst vorneweg marschieren sollte, setzte er sich umgehend an die Spitze und geleitete die nichtsahnenden Gäste die Dorfstraße hinunter bis zur Bundesstraße und diese dann wieder hinauf zum Festzelt.

Manch einer wunderte sich, dass der Zug sich vom Kirchturm weg nach Norden und dann wieder zum Kirchturm hin nach Süden bewegte, aber wer kannte sich schon aus? Vielleicht kam einer nach dem Fest auf dem direkten Rückweg zum Bus darauf, dass sie einen gewaltigen Umweg gewandert waren. Doch schrieb er es dann wohl einem Bier zu viel zu.

Robert war das jedenfalls egal, er hatte sein Trinkgeld in der Tasche, und Wandern soll gesund sein, hieß es doch immer!

O Schreck, lass nach! - Opas Lausbubenstreiche

Oma schüttelte immer wieder den Kopf, wenn Opa wieder einen seiner Jugendstreiche erzählte. Sicher meinte sie, mit solchen Schandtaten könne man doch nur die Jugend verderben. Aber da hätte sie sich nicht zu sorgen brauchen, aus uns Enkeln ist schon was Rechtes geworden trotz Opas Geschichten. Oder vielleicht gerade deswegen?

Die erste Hose

An Robert, den Teufel, hatten der im Städtchen Neustadt im Schwarzwald angesehene Uhrmacher Leopold Steinhardt und seine Frau Karoline bestimmt nicht gedacht, als sie ihren neuen Erdenbürger auf den Namen Robert tauften. Auch der fliegende Robert aus den Struwwelpetergeschichten hatte sicher nicht Pate gestanden. Aber irgendwie mussten die braven Eheleute eine leise Vorahnung gehabt haben, sonst hätten sie ihren Kindern mit den damals landläufigen Namen Karl, Oskar, Leopold, Wilhelm und Marie nicht ausgerechnet einen Robert hinzugesellt. Der kleine Fratz entwickelte sich in wenigen Jahren zum Schrecken der Stadt.

Dabei hatte alles so harmlos angefangen. Kaum auf den Beinen, hüpfte Robert vergnügt durch die Straßen, ein lustiges Liedchen vor sich hinträllernd. Musikalisch war er, wo doch der Vater die Stadtkapelle und den örtlichen Kirchenchor leitete, und die Hausmusik war bei den Steinhardts großgeschrieben.

Die Leute nickten freundlich und lachten, wenn das Büble in seinem kurzen Röckchen den Hirschenbuckel hinuntersprang. Doch allmählich wurde der Knabe dreister. Zur größeren Gaudi hob er bei seinen rasanten Sprüngen öfters den Rock hoch. Das wäre nicht weiter schlimm gewesen, hätte sich darunter noch irgendein anderes Kleidungsstück befunden. So aber war das muntere Kerlchen bald im ganzen Städtchen bekannt.

Ein solch frevelhaftes Treiben blieb in der sittenstrengen Zeit um die Jahrhundertwende, als im Reich noch der Kaiser und in badischen Landen der Großherzog herrschten, dem Herrn Lehrer nicht verborgen, der auf die tugendhafte Erziehung der Jugend sein besonderes Augenmerk zu richten hatte. Und so verzichtete er nach dem sonntäglichen Gottesdienst pflichtbewusst, wenn auch schweren Herzens, auf den Frühschoppen im Gasthof »Hirschen« und machte sich auf den Weg, das moralische Gleichgewicht im Städtchen wiederherzustellen.

»Euerem Sohn, Uhrmacher Steinhardt, wird bald der Segen einer gedeihlichen Schulerziehung zuteil werden«, machte er dem zerknirschten Vater klar, »aus diesem Grund ist es an der Zeit, dem liederlichen Knaben ein geziemendes Beinkleid anzufertigen.«

So sprach er mit würdiger Miene und nahm dankend die Einladung der Hausfrau zum bevorstehenden Mittagessen an. Versöhnt mit sich und der Welt verließ er das am Waldrand gelegene Anwesen wieder; ein paar Gläschen Kirschwasser nach dem guten Sonntagsbraten hatten noch etwas nachgeholfen und das Seelenheil des Schulmeisters wieder ins Gleichgewicht gebracht.

In den folgenden Tagen wurden Robert ein paar Hosen angepasst, was den Buben anfangs ziemlich in seiner gewohnten Freiheit einengte. Aber der Mensch gewöhnt sich an manches, und so unpraktisch schien das neue Kleidungsstück gar nicht zu sein, hatte es doch weite Taschen, in denen allerhand Platz finden konnte, was einem richtigen Jungen wichtig vorkam. Die Hose schien aber auch eine Veränderung in Roberts Selbstverständnis bewirkt zu haben. Er kam sich plötzlich irgendwie männlicher vor, zu neuen, größeren Taten befähigt.

Ein Sängerfest mit Folgen

Der angesehene Männergesangverein »Harmonie« feierte ein Jubiläum. Die näheren Einzelheiten waren für Robert unerheblich. Jedenfalls war ein Fest, und Robert stand in seinen neuen Hosen mit den Geschwistern zwischen Vater und Mutter, die ehrfurchtsvoll das Geschehen auf der Holzbühne unter freiem Himmel verfolgten. Eingerahmt von stattlichen Festjungfern, deren Haarpracht Blumenkränze zierten, hatten sich die ehrwürdigen Herren des Festkomitees in ihren engen Fräcken in Positur gesetzt.

»Guck mal, die haben rote Köpfe!«, flüsterte Oskar.
»Die sind sicher aufgeregt!«, vermutete Marie.

Sie konnte sich das lebhaft vorstellen. Aber Robert wusste es besser.

»Ach was, denen spannt nur der Bauch in ihren engen Hosen!«, verkündete er mit Bestimmtheit so laut, dass es jeder hören konnte.

Schließlich war er ja Fachmann auf dem Gebiet, seit er zu seinem ersten derartigen Exemplar gekommen war.

»Ruhe!«, gebot der Vater, streng auf sein halbes Dutzend Nachkommenschaft blickend.

So musste sich Robert wohl oder übel den stimmlichen Verrenkungen vorn auf der Bühne widmen, die vom trauten Dörflein sangen, das irgendwo zu Ende geht, vom klarblauen Himmel, was auch stimmte, wenn man die Augen zum sonnenbestrahlten Firmament schweifen ließ, und endlich die sinnige Weise anstimmte: »Nun leb wohl, du kleine Gasse ...«

Das war für den gelangweilten Knaben der Zeitpunkt, sich leise davonzustehlen. Robert zwinkerte seinem eingeweihten Spezi, dem Säger-Karle, der zwar ein paar Monate älter war, aber Robert wegen dessen Einfallsreichtum als unangefochtenen »Hauptmann« anerkannte, kurz zu, und flugs waren die beiden in der andächtig lauschenden Menge untergetaucht.

»Was ist?«, fragte der Säger-Karle.

»Nichts ist!«, antwortete Robert mit unschuldiger Miene, »langweilig ist's!«

Und sie beschlossen, sich interessanteren Dingen zuzuwenden. Zielstrebig, wenn auch auf Umwegen, um keinen Verdacht aufkommen zu lassen, steuerten sie der Attraktion für die Jugend zu in Gestalt eines mit Schmierseife präparierten Kletterbaumes, an dem in luftiger Höhe inmitten der Girlanden alles hing, was Kinderherzen begehrten: Spielsachen, Süßigkeiten, Würste und, und, und.

Die beiden Buben konnten sich kaum sattsehen. Mit großen Augen und offenem Mund standen sie davor und schielten nach den noch verbotenen Herrlichkeiten. Die Freigabe für die Kletterversuche sollte erst nach dem offiziellen Programm erfolgen.

»Das kann ja noch lange dauern«, seufzte der Säger-Karle, sehnsüchtig nach oben blickend.

»Vielleicht ist alles weg, bis wir an die Reihe kommen«, sinnierte Robert.

Und er beschloss zu handeln.

»Pass auf, dass keiner kommt!«, befahl er seinem Spezi.

Schnell zog er seine Holzpantoffeln aus und schickte sich an, den verlockenden Habseligkeiten näherzurücken. Ein geübter Kletterer war er, das musste der Säger-Karle neidlos anerkennen, als Robert trotz aller Tücken der vermaledeiten Schmierseife den Siegerkranz erreichte.

»Pass auf!«, schrie er zu dem unten wartenden Kumpan hinab, »ich werf' die Sachen runter.«

Der Karle war nicht faul und fing auf, was er erwischen konnte.

»Jetzt nichts wie weg!«, rief er, als Robert wieder sicheren Boden unter den Füßen hatte.

Ein paar Alibipreise baumelten noch am einstmals prächtig behangenen Kranz, aber Süßigkeiten und Würste hatten größtenteils ihre Besitzer gefunden.

Als der von der Jugend ersehnte Programmteil endlich an die Reihe kam, war das erstaunte Festkomitee außer sich vor Bestürzung über den kläglich bestückten Kletterbaum. Und zwei Mütter im Ort wunderten sich, dass ihre beiden Sprösslinge ein paar Tage lang nicht den gewohnten Appetit entwickelten.

Sollten sie etwa eine Krankheit ausbrüten, fragten sie sich sorgenvoll?

Äpfel vom Südhang

In der Zeit der Apfelernte kam öfters die Sonnenhofbäuerin mit ihrem Marktkarren ins Städtle. Da ihre Obstbäume am Südhang standen, hatte sie stets die herrlichsten Früchte feilzubieten, während Robert, dessen elterliches Anwesen an einem schattigen Nordhang lag, nur saure Äpfel kannte, die sich bestenfalls, mit ein paar Zentner Zuckerbirnen angereichert, zum Mosten eigneten.

Jedes Mal, wenn Robert an den verlockenden Äpfeln der Sonnenhofbäuerin vorbeikam, lief ihm das Wasser im Mund zusammen und er schielte begehrlich auf die duftende Ware. Aber ohne Geld ging auch zur damaligen Zeit nicht viel, und mit seinen persönlichen Schätzen aus seiner Hosentasche konnte er die Marktfrau nicht erweichen. Was sollte sie auch mit einer zerfransten Schnur, einer verrosteten Schraube oder einem zerbrochenen Spiegel anfangen? Und Geld hatte Robert nicht. Aber Ideen hatte das muntere Bürschlein auf Lager und dazu seinen Spezi, den Säger-Karle! Roberts Plan stand fest.

Scheinheilig schlenderte alsbald der eingeweihte Kumpan am obstbeladenen Karren der Bäuerin vorbei. Freundlich grüßte er die wohlbeleibte Frau, die nichts ahnend dem Buben geschmeichelt zunickte. Der Säger-Karle blieb stehen und betrachtete fachmännisch die dargebotene Ware.

»Das sind aber selten schöne Äpfel«, stellte er mit Kennermiene fest.

Die Bäuerin lächelte interessiert.

»Was kosten denn fünf Pfund von der roten Sorte?«, fragte der Karle großzügig.

Die ahnungslose Frau witterte ein Geschäft.

»Hast du denn so viel Geld bei dir, mein Junge?«, säuselte sie.

Der Säger-Karle kramte umständlich in seinen Hosentaschen und klimperte verheißungsvoll mit den Kieselsteinen darin. Aber das wusste die Sonnenhofbäuerin ja nicht. Erwartungsvoll sah sie den Knaben an. Da! Plötzlich geschah das Furchtbare! Mit einem Ruck setzte sich der Karren in Bewegung und polterte die steile Hirschgasse hinab. Die Bäuerin lief rot an, der Säger-Karle aber rannte lachend davon.

»Du Saubub, du elender!«, keifte die vor Zorn bebende Frau dem Davoneilenden nach.

»Um tausig Gott's willen!«, zeterte sie, als sie die Bescherung sah.

Jetzt schlug Roberts große Stunde. Mutig eilte er hinzu und kam der schreienden Marktfrau zu Hilfe. Hurtig sammelte er die davonrollenden Äpfel ein und half den Wagen wieder ins Gleichgewicht zu bringen.

»Vergelt's Gott, guter Bub!«, schnaufte die geschlagene Geschäftsfrau nach Atem ringend.

»Gern geschehen«, wehrte Robert scheinheilig die Lobrede ab und erweichte damit das Herz der Bäuerin.

»Nimm dir ein paar davon, Bub!«, sagte sie großzügig. »Du hast sie dir verdient.«

Das ließ sich Robert nicht zweimal sagen. Rasch griff er zu und langte die schönsten Exemplare vom Karren.

»Vergelt's Gott, gute Frau!«, sagte er jetzt seinerseits und stolzierte mit seiner Errungenschaft von dannen.

In einer sicheren Ecke musste er sie allerdings mit dem Säger-Karle teilen. Immerhin hatte der die Bäuerin erfolgreich abgelenkt, als Robert ungesehen die Bremsklötze am Karren entfernte.

Aber geschmeckt haben die Äpfel den beiden. Schließlich waren sie ja vom Südhang, von der Sonnenseite des Lebens!

Die dürstende Talwiese

Seit Tagen lachte die Sonne vom wolkenlosen Himmel. Den Bauern in der Gegend hüpfte das Herz im Leib vor Freude über dieses Kaiserwetter. Das konnte mal wieder eine richtig gute Heuernte werden!

Auch der Talbauer rieb sich in froher Erwartung die Hände. Endlich konnte auch er einmal ein paar trockene Fuhren Heu einbringen, was sonst in seinen feuchten Talwiesen eine Seltenheit war. Doch der ahnungslose Bauer hatte seine Rechnung ohne Robert gemacht. Mit dem sonnigsten Gemüt, das man sich denken kann, schlenderte das Bürschchen an dem kleinen Bach entlang die Talwiesen hinab. Arges hatte er heute nicht im Sinn. Das Wetter war einfach zu schön, um irgendwo ein Wässerchen trüben zu können.

»Ich will ein paar Blumen pflücken und an das Bildstöckle stellen«, gelobte der Bub.

Das Bildstöckle mit einem Bild der Madonna und dem Kind stand an der Wegkrümmung, wo ein Steg über das munter dahinfließende Bächlein führte.

Aber wohin Robert auch schaute, nirgends war ein Blümchen zu entdecken. Jedes Hälmchen lag dahindörrend auf der sonst grünen Wiese. Es sollte ja auch gutes Heu für den Winter werden. Aber daran dachte Robert nicht.

»Du arme Wiese!«, stellte der Bub bekümmert fest, »du musst ja furchtbaren Durst haben bei diesem heißen Wetter.«

Wie immer wusste Robert Rat. Flink wie eine ganze Biberfamilie trug er Grasboschen um Grasboschen zusammen. Mit der Zeit wuchs ein gewaltiger Staudamm heran. Das Rinnsal schwoll zu einem beachtlichen See, und das Wasser begann immer mehr die trockene Wiese zu überfluten. Der fleißige Knabe besah stolz sein Werk. Er freute sich, dass die trockenen Gräser ihren Durst löschen konnten. Bald würde er wieder Blumen pflücken können.

Ein furchtbarer Schrei zerriss die friedliche Idylle.

»Du Hundsbub, du miserabliger!«, brüllte es vom nahen Weg her.

Kaum hatte Robert in die Richtung geblickt, woher das Geschrei kam, entdeckte er auch schon den Talbauern, der mit wutschäumendem Gesicht und einem dicken Prügel in der Hand dahergestürmt kam.

»Dir werd' ich's zeigen, du Saukerl, du verreckter!«, drohte der aufgebrachte Bauer.

Vor Wut rasend, brauste er wie ein Stier auf den unschuldig dreinblickenden Buben los und fuchtelte immer wilder mit seinem Totschläger. Da zog es Robert vor, einem Zusammenstoß mit dem Unheil verheißenden Stock aus dem Weg zu gehen. Und flink wie er war, hatte er bald einen großen Vorsprung.

»Dabei habe ich doch bloß Blumen pflücken wollen«, keuchte er unschuldig, als er endlich in Sicherheit war.

Rache an der Hexe

Im Städtchen wohnte eine alte Frau, die sich und die Welt nicht leiden konnte. Wie viel weniger konnte sie da kleine Buben leiden, auch wenn sie so brav wie Robert waren.

»Aus dem Weg, du Taugenichts!«, schalt sie, wenn sie von weitem ein Bürschlein erblickte.

»Mach, dass du fortkommst, du Tagedieb!«, keifte sie, wenn sich auch nur einer ihrem Haus näherte.

Es war ein seltsames Gemäuer mit winzig kleinen Fenstern, klapprigen Läden und Flecken in allen Farben. Und da die Frau gebückt ging in ihrem schwarzen Rock und sich auf einen großen Stock stützte, schien den Kindern der Vergleich mit der Hexe aus »Hänsel und Gretel« recht passend.

Ja, eine Hexe musste sie sein! Da war sich Robert sicher. Wie sonst konnte sie alles sehen und wissen. Es verging kaum ein Tag, an dem sie nicht in Roberts elterliches Haus kam und von schrecklichen Schandtaten des Buben zu berichten wusste. Manche Tracht Prügel setzte es da. Es war wie verhext. Sie musste überall Augen haben, auch dort, wo Robert gar nicht gewesen war. So bezog er einige Male auch unschuldigerweise Schläge, und das wurmte ihn gewaltig. Ungerechtigkeit konnte Robert nie ausstehen. Und so schwor er der verhassten Alten, die dazu noch eine Hexe war, furchtbare Rache.

Nach einer weiteren ungerechten Tracht Prügel machte Robert in der folgenden Nacht kein Auge zu. Er überlegte und überlegte. Keine Rache schien ihm fürchterlich genug. Da kam ihm die schlafrettende Idee, und friedlich schlummerte er dem Morgen entgegen.

Am anderen Tag wurde der Säger-Karle in den Plan eingeweiht. Und mit Steinschleudern in den Hosentaschen machten sich die Verschwörer auf den Weg. Die Zierde des Hexengartens bildeten seit vielen Jahren glitzernde, farbige Glaskugeln. Seit diesem Ausflug waren sie es gewesen.

Es musste aus heiterem Himmel gehagelt haben.

Der Säger-Baschi

Der Säger-Karle, Roberts bester Freund, hatte einen etwas einfältigen Onkel. Da die ganze Sippe einstmals aus einer Sägerei stammte, nannte ihn jeder im Ort nur den Säger-Baschi. Er war schmächtig von Gestalt, und hätte nicht ein gewaltiger Schnurrbart sein vom Alkoholgenuss gezeichnetes Gesicht geziert, wäre er kaum einem aufgefallen.

Den lieben, langen Tag lag der Säger-Baschi auf der faulen Haut und schlief den Rausch vom Vorabend aus. Aber kaum dämmerte es, und die herabsinkende Nacht drohte das Städtchen in Dunkelheit zu hüllen, wurde es im verlotterten Häuschen des Säger-Baschi lebendig. Von da an war er Amtsperson und keine unwichtige! Schließlich war er behördlich angestellter Laternenanzünder. Ihm oblag es, am Abend die Straßen der Stadt in Helligkeit zu tauchen. Sein Amt war ihm heilig, damit hatte er es sehr wichtig. Und da Robert von seinem Neffen, dem Säger-Karle, der beste Freund war, durfte er auch einmal mit auf die Runde.

Robert sah dem wichtigtuerischen Treiben des Säger-Baschi lange ergriffen zu, sah, wie er das Petroleum in den Laternen nachfüllte und ein Licht nach dem anderen zum Leuchten brachte. Das Petroleum in der Flasche wurde immer weniger und die Runde war noch lange nicht zu Ende. Wie immer in solch kritischen Situationen kam Robert eine, wie er meinte, hilfreiche Idee. In einem unbewachten Augenblick pinkelte er ehrfurchtslos in die sich immer mehr füllende Flasche. Das Licht für die restlichen Laternen war gesichert.

»Potz Blitz!«, entfuhr es dem Säger-Baschi, als er die nächsten Lampen füllte und sie dennoch nicht zum Brennen brachte.

Doch als er Unheil ahnend an der Flasche roch, ging immerhin ihm selber ein Licht auf.

»Jetzt hat der Seichbub scho wieder reing'schifft«, maulte er vor sich hin.

Aber der Übeltäter hatte sich wohlweislich im Dunkel der Nacht davongemacht. Vom Säger-Baschi wollte er sich lieber nicht heimleuchten lassen.

Von Schwarzwaldgeistern

Der Aberglaube war in früheren Zeiten eine weit verbreitete Unsitte. In allem sah man ein böses Omen. Die schwarze Katze am Weg, das Läuten in den Stundenschlag, der nächtliche Käuzchenruf, alles verhieß Unheil. Roberts Eltern hielten sich Kreuzschnäbel als Vogelpärchen im Käfig, um Haus und Hof gegen Blitz und Donner zu schützen.

Wahre Gruselgeschichten wussten die Wandersleute zu erzählen, die im Schwarzwald unterwegs waren und von der Nacht überrascht wurden. Wenn der Wind in den dunklen Tannen rauschte, die Eulen ihren durchdringenden Ruf erschallen ließen, die Wolken im Geisterlicht des Mondes vorbeihuschten und ein aufgescheuchtes Waldtier in den Büschen raschelte, fiel manchem einsamen Wandersmann das Herz in die Hose, und er stolperte eilenden Schrittes die letzten Meter aus dem Wald dem rettenden Wirtshaus zu. Dort warteten bereits einige muntere Zecher auf die schaurigen Erzählungen des späten Gastes. Und mit jedem Schoppen Wein wurden die Geschichten gruseliger und der eigene Mut immer größer.

So saßen an einem kalten Winterabend in der vom Kachelofen behaglich erwärmten Stube in Roberts Elternhaus einige Nachbarn zusammen und erzählten Geschichten. Auch Onkel Gustav war da, ein seltsamer Mensch, der vor einigen Jahren dem religiösen Wahn verfallen war, seinen ganzen Besitz verschleudert hatte und seitdem wie ein Hirte mit einem Schaf auf dem Buckel durch die Gegend zog.

In seiner Unbedarftheit war er dabei auch einsame Wege gegangen, die durch finstere Waldstücke führten und von den

Wanderern tunlichst gemieden wurden, denn dort hausten die Geister. Ihre Bekanntschaft musste Onkel Gustav jüngst gemacht haben, erzählte er doch den staunenden Zuhörern von drei schwarzen Gesellen, die ihn überfallen und verdroschen hätten. Ein vierter sei mit einem Geißenfuß wie der leibhaftige Teufel lachend und Feuer speiend dabeigestanden.

»Der Beelzebub hat mit seinen Gehilfen mein Schaf geholt, meiner gläubigen Seele konnte er nichts anhaben«, berichtete der Onkel.

»Noch lange hörte ich das klagende Bläh-Bläh!«, schloss er seine Schilderung und ahmte dabei das Blöken täuschend ähnlich nach.

Die Zuhörer raunten vielsagend im flackernden Schein der Tranfunzel und wunderten sich, dass der Erzähler den Teufelsbuben entronnen war. Der Mostkrug machte eine neue Runde, um die fröstelnden Seelen wieder zu erwärmen.

Robert aber, der hinter der Stubentür gelauscht und alles mitangehört hatte, schlief in jener Nacht lange nicht ein.

»Der Sache muss ich auf den Grund gehen«, dachte er bei sich und konnte den nächsten Tag kaum erwarten.

Als Robert am folgenden Morgen den einsamen Pfad in den Geisterwald einbog, fröstelte ihn doch ein wenig, nicht nur wegen der grimmigen Kälte, mehr noch wegen der Ungewissheit über das bevorstehende Abenteuer.

»Wenn es am Ende doch Geister waren?«, kamen ihm leise Zweifel.

»Ach Quatsch!«, redete er sich selber Mut zu und gelangte immer tiefer in das Waldstück hinein.

Da, was war das? Hörte sich das nicht an wie das Blöken eines Schafes? Hatte nicht Onkel Gustav vom Teufel mit dem

Geißenfuß erzählt, der gelacht und wie ein Schaf geblökt hatte? Jetzt war es vielleicht noch Zeit umzukehren. Aber das hätte sich der Knabe nie verziehen. Kneifen? Das gab's nicht! Also schlich er vorsichtig weiter.

Und tatsächlich, das Blöken war echt. Onkel Gustavs Schaf war an einem Baum festgebunden und gab jämmerliche Laute von sich. Robert blickte sich um. Von Geistern war weit und breit nichts zu sehen. Behutsam näherte er sich dem blökenden Tier und band es los.

»Hoffentlich hält das blöde Vieh wenigstens ein paar Minuten die Klappe«, brummte der Bub vor sich hin, denn ganz sicher war er sich nicht, was die Geister betraf.

Das Schaf war tatsächlich so verdutzt über die plötzliche Befreiung, dass es ihm die Sprache verschlagen hatte, wenigstens so lange, bis sein Retter eine sichere Entfernung hinter sich gebracht hatte.

Onkel Gustav staunte nicht schlecht, als er sein Schaf wohlbehalten vor dem Steinhardt'schen Haus blöken hörte.

»Ein Wunder!«, rief er immer wieder, »seht nur, ein Wunder!«

Vom Wundertäter war nichts mehr zu sehen. So konnte Onkel Gustav weiterhin mit dem Schaf auf den Schultern durch die Gegend ziehen und von Wunderdingen berichten.

Später, als der Pfarrer im Religionsunterricht von den Wundern Jesu erzählte, war Robert richtig stolz, auch ein Wunder vollbracht zu haben, obwohl er fast sicher war, dass Onkel Gustav in seiner einfältigen Art das Schaf am Baum nur vergessen hatte.

Aber wissen konnte man ja nie!

Die Rauchfassexplosion

Wie alle braven Burschen in Neustadt gehörte Robert selbstverständlich auch der Zunft der Messdiener an. Pfiffig, wie er war, fiel es ihm leicht, die schweren, lateinischen Messgebete auswendig zu lernen, eine Voraussetzung für den Dienst am Altar. Ja, er war so eifrig, dass er zeitweise sogar die frommen Hefte in die Kirche mitnahm und sie während der stillen Messe aufmerksam studierte.

Der Pfarrer nickte wohlgefällig, wenn er den Buben, in die geistliche Lektüre vertieft, erblickte.

»Vielleicht wird noch ein Bischof aus ihm«, murmelte er dann auf Deutsch in seine lateinischen Gebete hinein.

Der Mesner war da nicht so ganz überzeugt. Er traute dem Frieden nicht und wartete nur auf eine Gelegenheit, den gedruckten Geheimnissen des Knaben auf die Schliche zu kommen, zumal er einige Male schon ein verdächtiges Grinsen in Roberts Gesicht zu erkennen glaubte.

So kam, was kommen musste. Als Robert wieder einmal in seine bildenden Texte versunken war, schlich der Mesner, scheinheilig eine Kerze zur Statue des heiligen Antonius tragend, so dicht an dem studierenden Buben vorbei, dass er einen verstohlenen Blick in die »heiligen Schriften« werfen konnte. Was er sah, ließ den braven Kirchenmann nach Luft ringen.

»Du Saubub!«, keuchte er mit Mühe, »hab' ich's mir doch gleich gedacht.«

Schon schnappte er nach dem unzüchtigen Frevelheft im frommen Einband und verschwand damit für den Rest des Gottesdienstes in der Sakristei. Robert ärgerte sich gewaltig über seine Unachtsamkeit und dass er dem Mesner unfreiwillig zu einer solch schönen Lektüre verholfen hatte.

Aber seine Stunde würde schon kommen, tröstete er sich. Und die sollte es in sich haben, das schwor er. Dem Mesner wollte er Feuer unter dem Hintern machen, an das er noch lange denken sollte.

Und Roberts Stunde kam. Beim nächsten feierlichen Hochamt hatte man ihm das Rauchfass anvertraut, damit er eine Beschäftigung hatte und auf keine dummen Gedanken kam. Lange ging auch alles gut. Während der Predigt durfte er mit dem Säger-Karle, der das Schiffchen mit dem Weihrauch trug, die Sakristei aufsuchen, damit der Rauch die wohlgesetzten Worte des Pfarrers nicht vernebelte. Und so nahm das Schicksal seinen Lauf.

Die beiden Buben füllten das Rauchfass randvoll mit Kohlen und schürten die Glut kräftig. Jetzt noch eine Ladung Weihrauch hinein, und schon qualmte das Instrument wie eine Dampfzuglok der Schwarzwaldbahn. So stolzierten die beiden Messbuben erhobenen Hauptes in den Altarraum hinaus. Robert schwang das Rauchfass vehement hin und her und ließ von seinem Spezi immer wieder Weihrauch nachschütten. Schließlich wurden die Schwingungen so stark, dass das Rauchinstrument wie eine Windmühle im Kreise sauste und zu glühen begann. Die Funken stoben in alle Richtungen, der Weihrauchduft wurde zum unerträglichen Gestank.

In den vorderen Bänken der Kirche begannen die Leute unruhig zu werden. So ein Höllenfeuer hatten die Gottesdienstbesucher noch nicht erlebt. Jeden Augenblick musste es eine Explosion geben.

Da ließ der Mesner alle Furcht fahren. Todesmutig stürzte er auf den »Brandherd« zu, schnappte die »Rauchbombe« und stolperte damit ins Freie. Ein dumpfer Schlag, ein Schrei von draußen, dann war Stille.

Vom Messdienst wurde Robert für einige Zeit suspendiert. Das war auch gut so, denn das rußgeschwärzte Gesicht und die angesengten Haare des Mesners verhießen Unheil. Ihm musste Robert einige Zeit aus den Augen gehen, aus Sicherheitsgründen!

Schwitzkur für Hochwürden

Eines Tages hatte sich bei Pfarrer Enz Besuch angesagt. Ein Amtsbruder wollte ein paar erholsame Tage in Neustadt verbringen und dabei alte Geschichten und Erlebnisse aus der gemeinsamen Studienzeit auffrischen. Auch der fromme Wunsch, vom Bahnhof abgeholt zu werden, war unter »post scriptum« vermerkt.

Aber genau bei diesem P. S. begann das Dilemma des Pfarrers. Der geistliche Herr hatte just an diesem Termin Beichttag und so war guter Rat teuer. Wer sollte den angekündigten Besuch vom Bahnhof abholen und ins Pfarrhaus geleiten?

Der Mesner hatte allerhand Ausreden parat, und so verfiel Pfarrer Enz auf die grandiose Idee, Robert mit der ehrenvollen Aufgabe zu betrauen.

»Und geh etwas gemächlich, mein Sohn!«, riet der Pfarrer dem Buben, »unser hochwürdiger Besuch hat keine so jungen Beine wie du.«

Robert versprach's und holte den Leiterwagen für das Gepäck aus dem pfarrhäuslichen Schuppen.

»Mach keine Dummheiten, Chaib elender!«, maulte der Mesner noch hinterher, als Robert auch schon den Hirschenbuckel hinab dem heimatlichen Bahnhof zusteuerte.

Die Sonne brannte vom Himmel und missmutig wartete der Knabe mit seinem Leiterwagen auf dem Bahnsteig, um den ehrwürdigen Feriengast des Pfarrers in Empfang zu nehmen. Endlich pfiff die Dampflokomotive und der Zug rollte in den Bahnhof ein.

»Neustadt! Hier Neustadt!«, rief der Schaffner, als die ersten Türen geöffnet wurden.

Robert schob schläfrig die Mütze aus dem Gesicht und beobachtete gelangweilt den Bahnsteig. Ein flottes Fräulein in adrettem Kostüm nahm seine ganze Aufmerksamkeit gefangen.

»Mein Gott, ist die schön!«, dachte er bei sich, und seine Gedanken schweiften vom eigentlichen Ziel seines Daseins am Bahnhof ab.

Und als die Schöne auch noch unschlüssig dastand und den Eindruck vollkommener Hilflosigkeit machte, war es um den Messbuben geschehen. Flugs eilte Robert mit seinem Wägelchen herbei und fragte hilfsbereit nach dem Ziel der Schönheit.

»In der Vorstadt werde ich erwartet«, hauchte sie, als Robert auch schon das Gepäck auf seinen Karren lud.

Da kam Hochwürden herangekeucht, schwitzend seine Koffer schleppend. Den hatte Robert total vergessen.

»Einen schönen Gruß von Pfarrer Enz soll ich bestellen«, stotterte er aufgeregt.

Und auf das Fräulein zeigend fügte er hinzu: »Sie haben sicher nichts dagegen, wenn wir zuerst unsere neue Religionslehrerin unter priesterlichem Schutz nach Hause geleiten.«

Diese Notlüge war ihm gerade noch eingefallen. Der beleibte geistliche Herr nickte verständnisvoll, und die Karawane setzte sich in Bewegung. Vorneweg das vornehme Fräulein, dahinter der Messbub mit dem kofferbeladenen Leiterwagen und hinterdrein Hochwürden, die Schweißperlen von der Stirn wischend.

Vom Bahnhof aus ging's stadtabwärts die Straße entlang in die Vorstadt, wo das schöne Fräulein erwartet wurde. Robert und der hochwürdige Gast mussten anschließend die Hauptstraße hinauf zum Pfarrhaus pilgern, und das bei der sengenden Sonne.

»Oh mein Gott! Du strafst deinen Diener mit der Glut des Fegefeuers«, stammelte der fromme Feriengast eins ums andere Mal, »deine Wege, Herr, sind unergründlich.«

Robert legte einen Gang zu, um dem Pfarrhaus zuzustreben.

»Leide, ohne zu klagen!«, dachte der Bub bei sich.

So jedenfalls hatte es ihnen Pfarrer Enz im Religionsunterricht gepredigt, aber davon schien sein Amtsbruder nichts zu wissen. Und der genasführte Gottesmann konnte sich nur mit dem Bibelwort trösten: »Gottes Wege sind nicht immer die bequemen« und sich in sein Schicksal fügen.

Pfarrer Enz staunte nicht schlecht, als er vom Leidensweg seines Gastes und der Gesellschaft der vermeintlichen Religionslehrerin erfuhr. Aber insgeheim musste er doch ein wenig schmunzeln.

Glatze mit Heiligenschein

Das Neustädter Münster hatte damals noch eine Einrichtung, die in vielen größeren Kirchen üblich war. Bei Hochämtern waltete der Stöcklesvogt seines Amtes. Er hatte darauf zu achten, dass alle Gottesdienstbesucher einen Platz bekamen und vor allem, dass die Lausbuben des Ortes brav und gottesfürchtig der sonntäglichen Messe beiwohnten.

In der purpurroten Uniform mit Birett und langem Talar schritt er mit seinem Stab während des Gottesdienstes im Kirchenschiff auf und ab und beäugte dabei mit Argusaugen die jungen Burschen des Städtchens, dass ja keiner die feierliche Handlung störte.

Eines Sonntags in der Fastenzeit hielt ein auswärtiger Franziskanerpater die Predigt. Wie bei seinen Ordensbrüdern üblich, leuchtete auch bei ihm inmitten eines Haarkranzes eine prächtige Glatze. Das konnte Robert natürlich nicht verborgen bleiben. Daraus müsste sich doch etwas machen lassen, ging es ihm die ganze Zeit durch den Kopf. Und als die Predigt für den Buben immer langweiliger wurde und ein paar Sonnenstrahlen neugierig den Weg durch die bunten Glasfenster ins Kircheninnere suchten, ließ die Spitzbubenidee nicht lange auf sich warten.

Heimlich zog Robert einen kleinen Spiegel aus der Hosentasche, fing damit ein paar umherirrende Sonnenstrahlen ein und lenkte sie gekonnt dem lohnenden Ziel entgegen. Und bald begannen sie lustig und vergnügt auf der polierten Glatze des Predigers zu tanzen. Irritiert griff der Pater ein paarmal an den Ort der Heimsuchung, konnte aber nichts Verdächtiges ausmachen. Aber sein Redefluss schien plötzlich leicht gestört zu sein.

Das bemerkte auch der Stöcklesvogt, der besorgt einen Blick auf die Kanzel richtete. Robert war von seinem Blendwerk so gefangen, dass er die Aufmerksamkeit des Kirchendieners nicht bemerkte. Dieser aber entdeckte rasch die Ursache der plötzlichen Redehemmung des Predigers, und sein geübter Blick machte auch bald den Urheber der Lichtspielerei aus. Mit raschen Schritten eilte er auf den Übeltäter zu, packte das verdutzte Bürschchen, zerrte es aus der Bank und beförderte es rüttelnd und schüttelnd vor den Augen des ganzen Auditoriums vor an die Kommunionbank.

»Hier bleibst du knien, du unverschämter Flegel!«, zischte der Mann in Purpur.

»Und rühr dich ja nicht von der Stelle!«, fügte er drohend hinzu.

Robert ärgerte sich gewaltig, dass er so unvorsichtig gewesen war und den Stöcklesvogt nicht im Auge behalten hatte. Jetzt war er blamiert vor der ganzen Kirchengemeinde. Auch konnte er sich ausmalen, wie sein Vater oben auf der Empore mit hochrotem Kopf bereits auf eine angemessene Strafe sann. Aber was half's? Da kniete er jetzt auf der harten Bank und konnte nichts tun. Oder doch?

»Jedenfalls bleibe ich nicht bis zum Schluss hier«, murmelte er entschlossen vor sich hin.

Und von nun an sann er auf eine List, den schadenfrohen Blicken der Gottesdienstbesucher zu entkommen. Aber der Stöcklesvogt wollte und wollte nicht aus der Nähe weichen. Die Wandlung kam. Andächtig kniete das Volk nieder und senkte die Häupter. Auch der purpurne Kirchendiener ging in sich und blickte zu Boden.

Auf diesen Augenblick hatte Robert gewartet. Wie von einer Tarantel gestochen fuhr er hoch und klapperte mit seinen Holzschuhen in der Stille der andächtigen Schar zum rettenden Kirchenportal. Flugs war er verschwunden. Nicht einmal der innerlich vor Wut rasende Stöcklesvogt wagte es, sich während der heiligen Wandlung zu erheben und dem Flüchtenden nachzueilen.

So hatte sich Robert einen unvergesslichen Abgang verschafft. Und das Klappern der Holzschuhe warf sein Echo noch lange in die anhaltende Stille und wirkte in den Köpfen der Gläubigen mindestens so nachhaltig wie die sonntägliche Fastenpredigt.

Tintenspritzer auf der Landkarte

Holzschuhe waren in der damaligen Zeit das Schuhwerk der einfachen Leute. Ja, meistens gingen die Kinder sogar barfuß, was nicht nur sparsam, sondern auch noch gesund war. Doch zur Schule wurden die Holzschuhe mitgenommen und kurz vor dem Betreten des Gebäudes angezogen. Dort wartete Oberlehrer Eberle auf die Horde, um ihr die notwendigen Grundlagen im Lesen, Schreiben, Rechnen und anderen nützlichen Dingen beizubringen.

Robert entwickelte bald gute Fertigkeiten in allen Fächern, auch in solchen, die nicht auf dem Stundenplan standen. So machte er dem geplagten Lehrer oft das Leben zur Hölle. Deshalb war im Zeugnis unter Betragen eine Note zu lesen, die es offiziell nirgends gab: »Unbeschreiblich«. Schuld daran waren die üblen Streiche, die Robert seinem Lehrer spielte.

Robert war in allem sehr aufmerksam. So hatte er bald bemerkt, dass Lehrer Eberle die Angewohnheit hatte bei seinen Erklärungen an der Tafel, an Schaubildern oder Landkarten, mit dem hölzernen Zeigestock herumzufuchteln. Und wenn einer nicht gleich die richtige Antwort wusste, schlug er mit diesem Instrument so lange auf die entsprechende Stelle am Objekt, bis er endlich mit dem Gesagten zufrieden war.

Robert schaute sich das Schauspiel lange an. Eines Tages hatte er einen glänzenden Einfall, wie er meinte. Und wenn sich Robert etwas ausdachte, war es auch bald getan. Wozu waren schließlich die Pausen da!

In der nächsten Unterrichtsstunde ging Lehrer Eberle mit seinen Schülern auf der Landkarte spazieren. Er zeigte Ort um Ort, und jedes Mal musste einer den entsprechenden Namen nennen. War er richtig, ging die Reise weiter, war er falsch, schlug der Lehrer, wie gewohnt, so lange auf den Ort ein, bis er die erwartete Antwort erfuhr. Nur dieses Mal war die Wirkung verblüffend. Bei jedem Schlag spritzte eine Ladung Tinte aus dem Stöckchen und landete auf der unschuldigen Karte.

Lehrer Eberle hielt verdutzt inne. Er blickte forschend in der Klasse umher. Aber still und friedlich saßen alle Schüler in ihrer Bank, die Hände vorschriftsmäßig aufs Schreibpult gelegt. Der geplagte Erzieher stutzte. Sollte er sich getäuscht haben? Woher aber kamen die Tintenflecke auf der Karte?

»Welcher Rotzbub hat diese Flecken auf die Karte gespritzt?«, brüllte er und schlug wütend mit dem Zeigestock auf das besagte Objekt ein.

Die Orte auf der Landkarte nahmen beängstigend zu.

»Herr Lehrer, der Zeigestock spritzt«, hatte Anna in der ersten Bank eine Ahnung.

Der gestresste Pädagoge schaute ungläubig auf das Instrument in seiner Hand. Tatsächlich tropfte da Tinte heraus.

»Ich werde diesen Stock einer eingehenden Prüfung unterziehen«, japste er und rang nach Luft.

Die Wanderung auf der Karte war für heute beendet. Auf den Trick mit dem ausgehöhlten und mit Tinte gefüllten Stock war sicher keiner seiner Schüler gekommen. Sie saßen in dieser Stunde doch so friedlich da. Oder?

Lehrer Eberle nahm sich vor, das nächste Mal auf der Hut zu sein.

Von Krawatten und Lehrerhüten

In früheren Zeiten hatten die Lehrer noch vielfältige Aufgaben im Schulort zu verrichten. Die Entlohnung war spärlich, und so waren die Schulmeister auf zusätzliche Geldquellen angewiesen. Da Lehrer Eberle eine gute Stimme hatte, sang er gegen Entgelt bei allen möglichen Anlässen, so auch bei Beerdigungen.

Wieder einmal war ein Trauerfall im Städtchen, und der sanglich geübte Staatsdiener sollte dabei mit ein paar feierlichen Gesängen für den würdigen Rahmen sorgen. Aber auch ein Lehrer ist nur ein Mensch und deshalb ab und zu vergesslich. So hatte er an diesem Tag die schwarze Krawatte für die Beerdigung zu Hause liegen lassen. Robert wurde losgeschickt, die entsprechende abzuholen. Der muntere Knabe war für jede Abwechslung dankbar und schlenderte gemächlich zur Lehrerwohnung. Die Krawatte war bald geholt. Auf dem Rückweg kam er auf Umwegen an ein munter dahinfließendes Bächlein. Als er von der kleinen Brücke aus in das einladend plätschernde Wasser blickte, stach ihn der Hafer.

»Ob die Krawatte wohl bis ins Wasser hinunterreicht?«, überlegte er und nahm auch gleich Maß.

Langsam glitt sie tiefer und tiefer, bis sie plötzlich unten war und auch schon davonschwamm. Robert blickte ihr sinnend nach.

»Schicksal!«, stellte er fest.

Dann machte er sich noch einmal auf den Weg ins Lehrerhaus.

»Der Herr Lehrer hat gesagt, es sei nicht die richtige Krawatte«, schwindelte Robert überzeugend.

»Na, so was!«, schüttelte die Frau Lehrer den Kopf, »die hatte Friedrich doch immer an.«

Und verständnislos ging sie eine andere holen. Sie fand nur noch ein altes, etwas abgetragenes Exemplar. Aber was sollte sie tun?

»Da, Bub, eine bessere ist nicht mehr da!«, stellte sie bekümmert fest.

Robert steckte sie vorsorglich ein und biss in den saftigen Apfel, den er bekam, weil er ja zweimal den Weg machen musste, der arme Bub.

Den wirklichen Hergang schien der Lehrer, aus welchen Gründen auch immer, erst später mitbekommen zu haben, sonst hätte er den Knaben nicht noch einmal auf einen Botengang geschickt. Dieses Mal fehlte der Hut, der bald aus dem Lehrerhaus beschafft war. Als Robert aber mit der Kopfbedeckung über den Marktplatz der Schule zuhüpfte, sah er einen Mann in ärmlicher Kleidung sitzen, den es zu frieren schien. Da erbarmte sich der Knabe, und in Erinnerung an die Legende vom Sankt Martin schenkte er dem armen Menschen den Hut.

»Vergelt's Gott!«, sagte der Beschenkte, »vergelt's Gott, du guter Bub!«

»Hoffentlich!«, murmelte Robert in sich hinein.

Plötzlich war ihm nicht mehr so wohl zumute. Woher sollte er jetzt einen Hut für den Herrn Lehrer nehmen?

»Was mit der Krawatte funktioniert hat, wird auch mit dem Hut klappen«, dachte er bei sich und wandte den Trick noch einmal an, obwohl er so etwas sonst nie tat.

Die Frau Lehrer war entsetzt, dass der Hut nicht der richtige gewesen sei und holte auch in diesem Fall das alte, ausgediente Exemplar aus der Kammer.

»Verstehe einer diese Männer!«, sagte sie und lud den armen Knaben zu einer Tasse heißer Milch und einem Honigbrot ein, was Robert nicht alle Tage bekam. Aber das brave Kind hatte den Weg zweimal machen müssen und es war ziemlich kalt draußen.

»Verstehe einer diese Männer!«, seufzte sie noch einmal, als Robert gegangen war.

Aber der Mann verstand dieses Mal keinen Spaß und stellte seine Frau zur Rede. Da dämmerte es den Lehrersleuten, dass dieser elende Wicht doch nicht so harmlos war, wie er tat.

»Warte, Bürschchen!«, schwor sich Friedrich Eberle, »lass mich dich erwischen!«

Ein Krokodil im Schrank

Roberts Wissensdurst war kaum zu stillen. So entdeckte er eines Tages im Schrank des Klassenzimmers, in dem der Lehrer seine Schätze aufbewahrte, hinter der nur angelehnten Tür ein stattliches Exemplar von einem ausgestopften Krokodil.

»Potz Blitz!«, entfuhr es dem erschrockenen Knaben, »was für ein Monstrum!«

Und es tat ihm leid, dass das arme Tier ein so einsames und trostloses Dasein im Schrank fristen musste.

»Da müsste sich doch etwas machen lassen«, überlegte er, und der Gedanke ließ ihn nicht mehr los.

Die Idee reifte langsam aber sicher zu einem gewaltigen Spektakel.

Am nächsten Tag zauberte Robert eine dünne Schnur aus seiner Tasche, natürlich in der Farbe der geölten Fußbodendielen, damit sie niemand auffiel. Er hatte an alles gedacht. Vor dem Unterricht befestigte er sie am Kopf des Krokodils und legte sie vorsichtig durch die angelehnte Schranktür wie eine Zündschnur bis zur ersten Bank. Lehrer Eberle wunderte sich, als Robert an diesem Morgen freiwillig in die vordere Bank sitzen wollte.

»Sollte der Knabe in sich gegangen sein?«, mutmaßte er hoffnungsvoll.

Die Schiefertafeln wurden ausgepackt und mit dem Griffel die Sätze von der Tafel abgemalt, schön sauber, Strich für Strich, genau in die Linien. Es war still wie in der Kirche während der Wandlung.

Da! Ein leises Quietschen. Stille. Ein erneutes Quietschen. Und langsam, wie von Geisterhand, öffnete sich die Schranktür. Man hätte eine Stecknadel fallen hören. Plötzlich bewegte sich ein seltsames Monstrum und streckte den gewaltigen Kopf mit den gefährlichen Zähnen heraus. Ein fürchterlicher Schrei zerriss die angespannte Stille und ein Gezeter und Gekreische folgten, als sich das ganze Untier aus dem Schrank wälzte. Ein Chaos herrschte.

Der geplagte Lehrer hatte alle Hände voll zu tun, die verängstigten Mädchen zu beruhigen. Dann aber hatte seine Rachestunde geschlagen. Dem Faden am Krokodil folgend war er bald fündig geworden. Deshalb also hatte das Früchtchen freiwillig in die erste Bank sitzen wollen. Jetzt war es mit seiner Beherrschung zu Ende. Rasch zauberte er einen Stock aus dem Ärmel und seine ganze angestaute Wut entlud sich in kräftigen Hieben, die auf den liederlichen Knaben niedersausten.

Robert konnte einiges wegstecken. Aber was zu viel ist, ist zu viel, sagte er sich. Plötzlich streckte er Arme und Beine von sich. Der Kopf fiel zur Seite, und der Gezüchtigte lag regungslos da. Wie vom Schlag getroffen, hielt der Schulmeister inne. Ungläubig starrte er auf den am Boden liegenden Buben. Dann fiel er auf die Knie, rüttelte und schüttelte ihn.

»O Gott, ich habe ihn erschlagen!«, schluchzte er reumütig.

»Robert, Bub, bitte wach auf! Ich flehe dich an, wach auf!«, jammerte er und verzieh ihm alle Schandtaten und versprach obendrein auch noch schulfrei für den Tag.

Und siehe, das Wunder geschah! Langsam schlug der gerade noch tote Knabe die Augen auf.

»Wo bin ich?«, flüsterte er wie von einem anderen Stern.

»Ein Wunder!«, riefen die Kinder, »es ist ein Wunder!«

Lehrer Eberle war so froh, dass Robert wieder zum Leben erwacht war, dass er ihm tatsächlich schulfrei gab. Doch an das vermeintliche Wunder wollte er nie so recht glauben.

Schokohasen mit Sonnenbrand

Ein schmuckes Schwarzwaldstädtchen wie Neustadt zog auch um die Jahrhundertwende schon zahlreiche Gäste an, die sich in der sauerstoffreichen Tannenluft erholen wollten. Die Bewegung in der frischen Luft machte die Spaziergänger hungrig. Deshalb gab es zahlreiche Lokalitäten im Ort, die mit diesen oder jenen Spezialitäten ihre Besucher anlockten.

Mitten in der Stadt lag das Café Butsch. Bekannt war es für seine in der eigenen Konditorei hergestellten Süßwaren. Unter all den köstlichen Schleckereien waren besonders die verschiedenen Schokoladensorten berühmt, die in vielerlei Formen und Aufmachungen das Schaufenster zierten. Oft stand Robert davor und machte große Augen, wenn er die Leckereien sah. Das Wasser lief ihm im Mund zusammen, aber es half nichts. Diese Kostbarkeiten waren für ihn unerschwinglich. Dass es dem Großteil der anderen Kinder in jener Zeit ähnlich erging, tröstete den Buben wenig. Allzu verlockend lag das süße Zeug im Schaufenster. Sollte das alles nur den betuchten Kurgästen oder wohlhabenden Bürgern gehören? Das durfte doch nicht sein! Wo blieb denn da die Gerechtigkeit?

Die Sehnsucht steigerte sich ins Unerträgliche, als eines Tages herrliche Schokoladenhasen die Auslagen zierten. Robert überlegte lange, wie er an ein Stück der begehrten Schokolade kommen könnte, wenigstens an ein bisschen davon. Ideen hatte er viele, aber keine schien ihm geeignet zu sein. Da kam dem munteren Knaben der Zufall zu Hilfe.

Die Sonne schickte sich gerade an, ihre warmen Strahlen über die Dächer in die Straße fluten zu lassen, als auch schon eine Bedienstete des Cafés herausgesprungen kam, um die Markisen herunterzudrehen. Die Schokoladenware in den Schaufenstern war extrem sonnenempfindlich. Robert sah aufmerksam zu. Plötzlich hatte er die richtige Idee.

Am Mittag, als die Sonne am höchsten stand, näherte er sich dem Laden. In gebührendem Abstand kramte er ein Brennglas aus seiner Hosentasche und lenkte damit gekonnt ein paar Sonnenstrahlen ins Schokoladenschaufenster. Danach besah er sich sein Werk. Er konnte stolz sein. Bei einigen süßen Auslagen hatte der Schmelzprozess begonnen. Wohl erzogen, mit dem brävsten Blick im Gesicht, betrat er das Geschäft.

»Gnädige Frau«, begann er höflich, »verzeihen Sie bitte, Ihre Schokohasen scheinen den Sonnenbrand zu haben.«

»Um Gottes willen!«, rief die Frau entsetzt und eilte hinaus.

»Tatsächlich, die sehen ja gar nicht mehr frisch aus!«, jammerte sie und schlug die Hände vors Gesicht.

Eilends wurden die Bediensteten angewiesen, das Fenster neu zu dekorieren. Robert stand erwartungsvoll da.

»Du bist ein guter Junge«, flötete die Frau, »wie gut, dass du es so schnell bemerkt hast!«

Es wäre für sie nicht auszudenken gewesen, wenn die vornehme Kundschaft die in Auflösung begriffene Schokolade gesehen hätte. Sie konnte sich kaum beruhigen. Der gute Ruf des Hauses stand auf dem Spiel.

Und Robert? Er bekam, was er wollte. So viel Schokolade hatte er noch nie besessen. Seine Freunde würden Augen machen!

Wurst gegen Schlachtmesser

In manchen Gegenden im Süden Deutschlands sagen die Leute zu abgebundenen, knackigen Würsten Servela, nicht zu verwechseln mit der Dauerwurst Cervelat. Solche Servelas gab es auch in einer Neustädter Metzgerei. Sie hingen an einer Stange hinter der Ladentheke und sahen aus, als wollten sie sagen: »Beiß nur hinein!«

Zu gerne hätte Robert einmal davon probiert. Zu Hause gab es nur Wurst aus eigener Schlachtung. Gewiss, die war nicht schlecht, aber so eine Servela, das war sicher etwas ganz Besonderes. Der Gedanke daran ließ ihn nicht mehr los. Er musste eine Servela haben, koste es, was es wolle. Den Trick mit dem Brennglas, den er bei den Schokohasen verwendet hatte, konnte er hier nicht bringen. Aber mit etwas List und Höflichkeit müsste es doch zu machen sein!

Robert hielt Augen und Ohren offen. Bald erfuhr er, dass montags Schlachttag war und Metzgermeister Neumaier sich im städtischen Schlachthaus aufhielt. Sein Plan stand fest. Am nächsten Montag schnappte er sich daheim einen Metzgerschurz, der sonst bei der Hausschlachtung gebraucht wurde, und betrat damit angetan den Fleischerladen.

»Was darf's denn sein?«, fragte die Meisterin ahnungslos.

»Ihr Mann schickt mich vom Schlachthaus. Ich soll noch ein weiteres Schlachtmesser holen«, antwortete Robert höflich.

»Jetzt muss der Bub die Vergesslichkeit meines Alten ausbaden«, schimpfte Frau Neumaier vor sich hin und holte das Messer.

»Willst du ein Stückchen Wurst haben?«, fragte sie, als sie ihm das Mordinstrument aushändigte.

Robert wurde keck.

»Kann ich eine von den Servelas haben?«, versuchte er den Blick der Frau in die richtige Richtung zu lenken.

Die Frau schluckte. Sie hatte eher an ein kleines Wurststückchen gedacht. Zu Roberts Glück gab sie sich aber einen Ruck.

»Was soll's!«, stellte sie schließlich fest und schnitt eine der begehrten Würste ab.

Wohl erzogen, wie Robert war, bedankte er sich freundlich, machte eine Verbeugung und verließ den Laden.

»Es gibt doch noch brave Buben!«, hörte er gerade noch im Hinausgehen unter dem Gebimmel der Ladenglocke.

Rasch schob er das Messer unter der Tür, die Steinplatte war dort mit den Jahren schon ziemlich abgetreten, in den Laden zurück und machte sich mit der durch List ergatterten Servela aus dem Staub.

So gut hatte ihm nie wieder eine Wurst geschmeckt.

Die skalpierte Lina

In Roberts Jugendzeit trugen viele Mädchen ihre Haare geflochten. Schöne, dicke Zöpfe waren der Stolz mancher jungen Maid, so auch bei der Steinberger-Lina, die damit die Buben gerne ärgerte. Beim Vorbeigehen drehte sie blitzartig ihren Kopf hin und her und schlug die langen Schwänze den verdutzten Knaben ins Gesicht. Bei Robert schien es ihr am meisten Spaß zu machen, und vergnügt lachend rannte sie dann davon. Vielleicht hatte sie ein Auge auf ihn geworfen.

Aber Robert hielt nichts von solcherlei Scherzen, und mit derartigem »Weiberzeug«, wie er es nannte, konnte er ganz und gar nichts anfangen, wenigstens nicht zu dieser Zeit. Da ihn deshalb diese plumpen Annäherungsversuche der Steinberger-Lina besonders ärgerten, suchten ihn auch bald Rachegedanken heim.

Eines Tages war es so weit. Wieder einmal sah er Lina vergnügt daherhüpfen, und wie immer flogen ihm die schwingenden Zöpfe um die Ohren. Aber dieses Mal war er gerüstet. Flink griff er nach der geflochtenen Haarpracht des Mädchens und zauberte ebenso behände eine Schere aus seiner Hosentasche. Was dann geschah, ging schneller, als man schauen konnte. Plötzlich hielt Robert beide Zöpfe triumphierend in den Händen und schwang sie wie einen Indianerskalp durch die Luft.

Heulend zog die Steinberger-Lina von dannen. In sicherer Entfernung drehte sie sich um und schrie ihr ganzes Leid von der Seele.

»Das wirst du mir büßen, du schlechter Kerl, das sag ich meinem Vater!«

»Dummes Huhn!«, maulte Robert vor sich hin.

Aber ganz wohl war ihm nicht mehr. Das würde bestimmt eine Tracht Prügel setzen, dessen war er sich auf einmal gewiss.

Doch für solche Fälle hatte Robert vorgesorgt. Er hatte ja reichlich Erfahrung darin. In freien Stunden, wenn ihm mal kein Streich einfiel, hatte er auf der Bühne des elterlichen Anwesens mit ein paar Brettern einen Verschlag gebaut, den er von innen verriegeln konnte. Schon oft hatte er dort Zuflucht gefunden, vor allem wenn er seine Schwester Marie geplagt hatte und sie ihn dann, rachsüchtig wie sie war, verpetzt hatte.

Wenn sie anfing »De-de-der Ro-Robert ...«, wussten die Eltern schon Bescheid. Robert musste wieder etwas angestellt haben, denn sonst stotterte die Kleine nie. Dann war es für den Sünder Zeit zu verschwinden.

Auch die Zopfgeschichte verhalf ihm so zu ein paar Stunden Zwangsaufenthalt in seinem Versteck. Aus Sicherheitsgründen hatte er zwar die verräterischen Haarteile in ein Gebüsch geworfen, aber der Anblick des seines Kopfschmucks beraubten Mädchens sprach für sich. Also war Rückzug angesagt, wenigstens bis sich der gestrenge Vater wieder beruhigt hatte. Und verhungern brauchte Robert nicht. Noch jedes Mal hatte ihm die gutherzige Mutter heimlich ein Vesperbrot in seinen selbst gewählten Verbannungsort gebracht.

Der Attentäter

Zu jener Zeit herrschte der Großherzog Friedrich I. in badischen Landen. Seine Gemahlin Luise war eine Tochter von Kaiser Wilhelm I. von Preußen.

Eines Tages war der Besuch dieser Großherzogin in Neustadt angesagt. Das war eine Geschäftigkeit in dem Städtchen! Wochenlang wurde alles auf Hochglanz gebracht. Als es dann so weit war, überzog eine einfache weiße Schneedecke Dächer und Straßen und ließ die Landschaft in winterlicher Pracht erstrahlen. Aber wenigstens dem Festsaal sah die adlige Besucherin mit ihrem Gefolge die Mühen der Gastgeber noch an. Fleißige Helfer hatten auch hier alles vorbereitet und Türbogen und Pfeiler mit Girlanden aus Tannengrün geschmückt.

Wo was los war, durfte natürlich Robert nicht fehlen. Da sein Vater Kommandant der Feuerwehr, Dirigent der Stadtkapelle und auch Leiter des Kirchenchors war, die bei derartigen Anlässen natürlich ihren Auftritt hatten, konnte sich Robert als Helfer beim Notentragen, Notenständer aufstellen und ähnlichen Arbeiten nützlich machen und sich somit Zutritt verschaffen. So viele Kuchen und Torten hatte der Knabe noch nie an einem Platz gesehen, und so konnte er nicht umhin, da und dort ein wenig zu probieren, nachdem er pflichtgemäß die Notenständer für die Landeshymne aufgestellt hatte. Und dreist geworden, steckte er sich noch etwas Proviant in die Hosentaschen.

Dem Empfang selbst durfte er nicht beiwohnen, denn so honorig war er noch nicht zu jener Zeit. Das wurmte ihn und er beschloss, sich nachher am Übriggebliebenen schadlos zu halten. Doch er wurde enttäuscht. Nur ein paar Gläser standen noch herum, als er zum Wegräumen der Notenständer eingelassen wurde. Aber Robert konnte nicht widerstehen, seinen Durst mit den Resten in einigen Gläsern zu stillen. Danach fühlte er sich richtig beschwingt, um neue Taten zu vollbringen.

Am Nachmittag fuhr die Großherzogin in einer prächtigen Kutsche durch die Hauptstraße des Städtchens, und am Straßenrand winkten die Einwohner freundlich. Auch die Schulkinder waren vollzählig versammelt, um die Landesmutter hochleben zu lassen. In vorderster Reihe stand Robert. Von den geistigen Resten in den geleerten Gläsern mutig geworden, riss er immer wieder die Arme hoch.

»Hoch soll sie leben! Hoch soll sie leben!«, rief er und sprang munter neben der Kutsche her.

»Hoch soll sie leben! Hoch soll sie leben!«, schrie er immer lauter.

Die Großherzogin wurde auf den Knaben aufmerksam.

»Es genügt, Büble! Es genügt!«, sagte sie huldvoll lächelnd.

Aber Robert war noch nicht zufrieden. Vor Freude formte er einen Schneeball und warf ihn in Richtung Kutsche. Das weiße Geschoss landete geradewegs auf der großherzoglichen Brust.

Das war zu viel! Umgehend wurde der Attentäter von der Leibwache gepackt und dem Stadtpolizisten übergeben. Die Strafe war hart. Bei winterlicher Kälte musste Robert unter den strengen Augen des Ordnungshüters ohne Handschuhe einen Berg Schneebälle machen. Und zu allem Unglück bekam er dann auf die steif gefrorenen Finger mit dem Stock ein paar Hiebe.

Den Ausgang dieses Tages hatte sich Robert anders vorgestellt. Aber er wusste jetzt, was mit dem Sprichwort gemeint war: »Übermut tut selten gut!«

Flucht aus dem Arrest

Das »Attentat« mit dem Schneeball war Robert doch sehr nahe gegangen. Deshalb suchte er die Landesherrin mit einer guten Tat, wie er meinte, zu versöhnen. In Neustadt stand ein Denkmal des Reichskanzlers Bismarck. Von der Großherzogin war bekannt, dass sie Bismarck nicht gerade freundschaftlich zugetan war. Und so reifte in Robert als treuem Untertan eine Idee heran, die er eines Abends zur Ausführung brachte.

Mit Pinsel und Farbe ausgestattet, kletterte das wagemutige Bürschchen auf das Denkmal des Kanzlers und malte den Politiker nach Herzenslust und eigener Vorstellung an. Am nächsten Morgen herrschte helle Aufregung im Städtchen. Die Freveltat war bald in aller Munde.

»Wer war der Übeltäter?«, lautete die Frage.

Es kam, was kommen musste. Wer einmal »vorbestraft« ist, bleibt verdächtig. Robert wurde vom Wachtmeister abgeholt und zum Verhör geführt. Der Knabe verstand die Welt nicht mehr. Er hatte doch nur der Großherzogin einen Gefallen tun wollen. Aber die Stadtväter konnten seinen Gedankengängen nicht folgen, und so landete der Knabe zerknirscht in der örtlichen Arrestzelle.

Das war eine schlimme Strafe für den Buben. Den ganzen Tag über schaute die Jugend der Stadt zum vergitterten Fenster herein und hänselte ihn.

»Robert, fang uns doch!«, lachten sie.

»Ha, ha, du kannst ja nicht!«, feixten sie und streckten die Zunge heraus.

»Wartet nur, wenn ich wieder rauskomme!«, schimpfte der Gefangene voller Zorn.

Doch mit der Zeit wich die Wut und machte einem jämmerlichen Schluchzen Platz. Das hörte die Frau des Gendarmen, die im Obergeschoss wohnte und dem Treiben bereits eine Weile zugesehen hatte.

»Das Kind ist doch harmlos«, dachte sie bei sich und holte den Geschundenen aus der Zelle. Mit Kaffee und Kuchen versuchte sie, bald mit Erfolg, das Gleichgewicht des Knaben wiederherzustellen. Und mit dem Gleichgewicht kam auch Roberts Unternehmungsgeist zurück.

Vollgestopft mit den Leckereien der guten Frau Wachtmeister verspürte er bald den Drang nach einem bestimmten Örtchen. Die ahnungslose Wirtin hatte ein Einsehen. Sie konnte ja sicherheitshalber vor der Türe warten. Doch sie wartete vergebens. Ihr Schützling hatte die Gelegenheit ergriffen und sich am Abflussrohr der Dachrinne hinab aus dem Staub gemacht.

Robert hatte Glück. Man stellte ihm nicht nach. Wahrscheinlich waren alle froh, dass die Geschichte so zu Ende kam, denn ein kleiner Regenschauer hatte die wasserlösliche Farbe bereits wieder fortgewaschen. Bismarck erstrahlte in altem Glanz.

Vielleicht aber hat die Großherzogin von der Sache gehört und ein wenig gelächelt.

Die Pissbrühe

Roberts Vater war ein geplagter Mann. Als Uhrmacher und Landwirt hatte er genug zu arbeiten. Und als Feuerwehrkommandant, Musikdirigent und Kirchenchorleiter war er auch in den freien Stunden ausgelastet. Dazu kamen noch die sechs Kinder, deren Erziehung nicht immer leicht war, zumal Roberts Streiche nicht dazu angetan waren, die Nerven des Vaters zu beruhigen.

Robert war der jüngste der Buben. Die anderen waren bereits in der Lehre oder mussten anderweitig daheim zupacken. Manchmal musste Robert Botengänge machen, wenn es galt, die Leute zur Kirchenchorprobe einzuladen, denn diese fand nicht regelmäßig statt. Als kleine Entschädigung durfte er bei jedem Sänger fünf Pfennig kassieren. Bei Roberts Einfallsreichtum verwunderte es nicht, wenn dabei oft Proben angesagt wurden, von denen der Vater keine Ahnung hatte.

Selten gönnte sich der Vater ein Bier. Doch ab und zu schickte er Robert los, einen Krug von dem nahrhaften Gerstensaft, den es damals noch offen zu kaufen gab, in die heimische Stube zu holen. Der Schlaumeier tat es auch gerne, denn einen Schluck davon gönnte er sich jedes Mal.

»Besser getrunken als ausgeleert!«, meinte er zufrieden und wischte sich über den Mund.

Irgendwie hatte er auch Recht, der Krug war ja gar zu voll. Einmal aber kam auch der Säger-Karle dazu.

»Lass mich auch mal!«, sagte der.

Robert kam in Bedrängnis. Es war Vaters Bier, aber der Säger-Karle war sein bester Freund.

»Los, sei kein Frosch!«, bettelte der schon wieder.

Robert hatte ein weiches Herz und ließ ihn trinken.

»Aber nur einen kleinen Schluck!«, gestand er zu.

Doch der Säger-Karle hatte ein Schluckorgan wie ein Brauereigaul, und ehe Robert einschreiten konnte, war der Krug fast leer. Jetzt war guter Rat teuer. An einem nahen Brunnen füllten sie Wasser dazu. Die Menge stimmte, aber nicht die Farbe.

»So helles Bier gibt es nicht!«, stellte der Säger-Karle fachmännisch fest, »das merkt dein Alter gleich.«

»Wenn's nur an der Farbe fehlt«, meinte Robert, »dem ist abzuhelfen.«

In aller Seelenruhe leerte er ein wenig vom Wasser aus, machte die Hosen auf und pinkelte in den Krug.

»Jetzt stimmt die Farbe«, begutachtete der Säger-Karle das Werk.

Und Robert machte sich damit auf den Heimweg.

Diese ruchlose Tat hatte dem Vater den Rest gegeben. Jetzt konnte nur noch eine Wallfahrt ins Heilige Land helfen. Und er machte sich auf, nach Jerusalem zu reisen, als ob es nur ein Gang in die nächste Ortschaft wäre. Zwei Jahre blieb er fort. Eines Tages stand er plötzlich vor der Tür.

»Jetzt bin i wieder do!«, sagte er nur.

Von Mäusen, Spargel und Himbeereis

Als Vater Leopold ins Heilige Land gezogen war, wusste Mutter Karoline nur noch eine Möglichkeit, Robert die Flausen aus dem Kopf zu treiben. Sie musste eine Arbeit für ihn finden, damit er auf andere Gedanken kam. Sie hatte

Glück. Ein Kolonialwarenhändler war bereit, den Jungen in seinem Geschäft in die Berufswelt einzuführen.

Robert betrat seine neue Wirkungsstätte mit gemischten Gefühlen. Arbeit gab es genug, denn ein Kolonialwarengeschäft hatte damals so ziemlich alles, was man brauchte, und Verpackungsflut war in jener Zeit noch ein Fremdwort.

Das meiste gab es offen zu kaufen. Es musste abgewogen und in Papiertüten gefüllt werden. Und so wog der neue Lehrling, was zu wiegen war, füllte in Tüten, was abzufüllen war, holte Gurken aus dem Fass, und das den lieben, langen Tag. Kein Wunder, dass ihm die Arbeit bald zu eintönig wurde.

Eine willkommene Abwechslung brachte ihm das Mäusefangen. Mäuse gab es genug. Wie gern wollten sie sich an den Vorräten gütlich tun. Zum Glück waren genug Fallen auf Lager. Doch wohin mit den gefangenen Nagetieren? Roberts Einfallsreichtum war gefragt, und so landete da und dort eine tote Maus in einer Tüte, die ein unschuldiges Mädchen im Einkaufskorb nach Hause trug. Der Übeltäter fand es nur schade, dass er die erschrockenen Gesichter nicht sehen und das Geschrei nicht miterleben konnte. Aber in seiner Vorstellungskraft musste es jedes Mal ein gewaltiges Schauspiel sein.

Langsam häuften sich die Klagen im Geschäft. Der Urheber der häuslichen Katastrophen war bald ausgemacht, da half das unschuldigste Gesicht nicht. Der Täterkreis war recht beschränkt. Zum Glück war der Kaufmann ein geduldiger Mensch.

»Wir sind alle mal jung gewesen«, sprach er sich selber Mut zu.

So kam Robert glimpflich davon und wurde fortan mehr mit kaufmännischen Tätigkeiten ohne Publikumsverkehr betraut, was allen Beteiligten sichtlich besser bekam. Er stellte sich recht geschickt an und stieg bald in der Gunst der Meistersleute.

Ein Geschäftsjubiläum stand ins Haus und bei den Herrschaften tagte eine feine Gesellschaft. Auch Robert war zu Tisch geladen und hatte extra den neu erstandenen Anzug angezogen. Er sah darin ziemlich vornehm aus, aber bequem war das Kleidungsstück keineswegs mit dem steifen Kragen. Trotzdem bemühte sich Robert gesittet zu essen, wie es sich in der feinen Umgebung gehörte. Alles wäre gutgegangen, wenn es da nicht zwei Speisen gegeben hätte, die der Jüngling von daheim nicht kannte.

Das eine waren lange, weiße Stangen, von denen er nicht wusste, wie er sie in den Mund befördern sollte. Endlich gelang es ihm nach etlichen Verrenkungen. Eigentlich hätte er nun froh sein können, aber das Zeug schmeckte scheußlich. Er vermochte es nicht hinunterzuschlucken. Wie konnte er auch wissen, wie gut und gesund Spargel eigentlich sein soll. So steckte er eine Stange nach der anderen in den Mund, der immer voller wurde. Ein Erstickungsanfall stand bevor.

Zum Glück sah der Meister die Hamsterbacken seines Lehrlings und schickte ihn verständnisvoll unter einem Vorwand hinaus. Für diese gute Tat wollte Robert ihm ewig dankbar sein, das schwor er insgeheim.

In eine zweite Not brachte Robert der Nachtisch.

»Was für ein wunderbares Himbeereis!«, schnalzten die Leute mit der Zunge.

Von Eis hatte Robert schon gehört, es sollte gut schmecken. Also nahm er den größten Löffel neben seinem Teller, lud damit eine tüchtige Portion auf und schob sie in seinen Mund.

Huch, war das kalt! Der geschockte Knabe hätte die Süßspeise am liebsten zurück in den Teller gespuckt. Aber was würden die feinen Leute dazu sagen? Er rang nach Luft, und die Tränen liefen ihm die Backen hinunter. Tapfer schluckte er das Teufelszeug hinab. Er sehnte sich nach Mutters Tisch zurück.

Vom feinen Essen hatte er vorerst genug!

In eine neue Welt

Robert mauserte sich langsam, aber sicher zum jungen Mann. Er fühlte sich zwar noch nicht im heiratsfähigen Alter, in damaliger Zeit musste so eine Sache erst reifen. Aber ein Auge auf das schöne Geschlecht wollte er schon einmal riskieren. Und Sophie, die Tochter der Kaufmannsleute, war ein besonders reizendes Exemplar.

An einem Sonntagnachmittag lud er das hübsche Mädchen zu einer Fahrt mit dem Geschäftsfahrrad ein, das er sich vom Meister ausgeliehen hatte. In der Nähe gab es einen kleinen See. Dort konnte man gemütlich beieinander sitzen und, wenn's gut ginge, vielleicht die Hand der Angebeteten halten. Robert strampelte nach Leibeskräften die Straße hoch, von der oben ein Weg zum See abzweigte. Bald lief es besser, denn der Pfad wurde immer abschüssiger. Das Mädchen hielt sich an ihm fest. Robert fühlte sich im siebten Himmel.

Vor lauter Wonne merkte er nicht, wie der Freilauf heiß lief. Als er kurz vor dem See anhalten wollte, versagten die Bremsen ihren Dienst, und das Rad sauste wie ein Geschoss ins Wasser. Pudelnass entstiegen die beiden Rennfahrer den Fluten.

»Du Trottel, du blöder Kerl!«, rief die Schöne erbost und stampfte plärrend den Weg hoch dem heimatlichen Elternhaus zu.

Robert trottete wie ein begossener Pudel hinterher.

»So ein Mist!«, schimpfte er.

Aber was half's? Aus war's mit Händchenhalten! Die zarte Liebe hatte einen ersten Knick bekommen.

Das Aus ließ nicht lange auf sich warten. Wenig später hatte Sophie Geburtstag. In einem wunderschönen, neuen Kleid saß sie bei Tisch. Robert versuchte reichlich Komplimente zu machen, um das Herz des Mädchens zurückzugewinnen.

Mit der Zeit schienen seine Schmeicheleien ihre Wirkung nicht zu verfehlen. Robert spielte bereits mit dem Gedanken, es mit einer neuen Einladung zu probieren. Nach dem Dessert wollte er sein Glück versuchen.

Vanilleeis mit heißen Himbeeren hatte sich Sophie gewünscht. Das war Roberts Verhängnis. Sein Blick war von der Liebe getrübt, und so stieß er ungeschickt an Sophies Arm, als sie gerade die heißen Himbeeren an ihre Lippen führen wollte. Stattdessen landeten sie auf ihrem neuen Kleid und hinterließen einen hässlichen Fleck.

»Du bist der blödeste Trottel, der mir je begegnet ist!«, heulte Sophie los, und in Tränen aufgelöst rannte sie aus dem Zimmer, die Mutter hinterher.

»Mach dir nichts draus!«, meinte der Kaufmann, »so sind halt die Frauen.«

Doch Roberts Stolz war gekränkt. Zweimal ließ er sich nicht ungestraft einen Trottel nennen, für den er nichts konnte. Und er beschloss seinen Abschied zu nehmen und ins Ausland auszuwandern.

Er kam zwar nur bis in eine andere Schwarzwaldstadt, aber zu Fuß waren das immerhin ein paar Tagesreisen. Und da es zudem noch vom Badischen ins Württembergische ging, war es schon eine Reise in eine neue Welt.